카카오는 어떻게 코인을 파는가?
지금부터 질문을 시작하겠습니다

" 사실을 직면하고 열린 토론을 하는 활기차고 자유로운 사회 "

**카카오는 어떻게 코인을 파는가?
지금부터 질문을 시작하겠습니다**

초판 1쇄 발행 2023년 8월 15일

지은이 변창호, 예자선
펴낸이 장길수
펴낸곳 지식과감성#
출판등록 제2012-000081호

편집 박소연
표지 부페르카
개구리 이보림

주소 서울시 금천구 벚꽃로298 대륭포스트타워6차 1212호
전화 070-4651-3730~4
팩스 070-4325-7006
이메일 ksbookup@naver.com
홈페이지 www.knsbookup.com

ISBN 979-11-392-1265-5(03300)
값 10,000원

• 이 책의 판권은 지은이에게 있습니다.
• 이 책 내용의 전부 또는 일부를 재사용하려면 반드시 지은이의 서면 동의를 받아야 합니다.
• 잘못된 책은 구입하신 곳에서 바꾸어 드립니다.

지식과감성#
홈페이지 바로가기

Intro

허위는 반박하지 않으면 진실이 된다.

온갖 사기의 온상이 되고 있는 가상자산!
나만 피하면 끝일까?
소수가 부가가치 창출 없이 많은 돈을 가져가기 때문에 경제질서가 파괴되고, 마약과 같이 숨어서 하는 범죄에는 없는 파괴력까지 있다. 바로 사람들을 유인하려고 거짓말을 조직적으로 한다는 것. 여러 직업에 있는 사람들을 포섭해서 행사도, 기부도 크게 하기 때문에 사회구조를 오작동시키고 불신 분위기를 만든다.

오늘날 대한민국이 김치코인 공화국으로 위세를 떨치게 된 결정적 이유가 뭘까?
간단하다.
도박 영업장을 놔두는 나라는 도박하는 사람이 많고, 마약 판매를 놔두는 나라는 중독자가 많을 것이다. 우리나라가 이런 것은 우리나라 정부가 단속을 안하기 때문이다. 중국은 도박 관계로 판단해서 아예 금지하는 정책, 미국은 투자 관계를 표방하니 증권법 위반으로 지적하는 정책을 쓴다. 뭔가 하고 있는 것이다. 우리나라도 법은 똑같이 있는데, 맥락없이 '투자자 보호'라는 말만 한다. 한 나라의 차이를 만드는 것은 법률 자체가 아니라, 법을 해석하고 집행하는 정부의 태도이다. 태도는 관점에 따라 달리 나오게 되어 있다 - 문제를 무엇으로 보고 있느냐?

사회적 피해가 커지는 것 vs 가상자산 사업이 축소되는 것

이 판단은 누가 하고 있을까?
'정부'라고 포괄적으로 말하지만, 관료, 정치인 등 다 사람이 하는 일이다. 이 사람들에게 영향을 미치기 위해 이해관계자들은 갖은 노력을 하고, 교수, 변호사, 기자 등을 동원해서 자기들의 입장을 여론으로 보이게 할 것이다. 그동안 전문가를 자처하는 사람들이 복잡한 용어를 써가면서 한 말이 잘 이해됐다면, 이 책을 안 봐도 된다. 그렇지가 않다면? 계속 지켜보면서 신중하게 판단을 보류하는 것 - 병이 심해져서 상처가 썩고 있는데도 적절할까? 심지어 병을 발견하고 치료하는 것이 자기 직업인 사람들까지 그러고 있다면?

중립과 중도는 같지가 않다. 법륜스님은 중도의 의미가 '적중'이라고 하셨다. 과녁에 적중하는 화살이 가는 길!
이 상황이 무엇이며, 이제부터의 최선은 무엇일까?

지금이라도 이해되지 않는 것은 질문하고 토론하자. '누가 말 잘하냐'가 아니라 '무엇이 우리 사회에 옳으냐'를 위해서. "새로운 기술이다", "앞으로 대세가 된다" 같은 남의 말에 몰려다니지 말자. 그 말을 만든 사업자의 속마음은 전혀 다를 수 있다. 치열하게 얘기하다 보면 언쟁이 생길 수도 있을 것이다. 자유민주주의에서 사실을 직면하고 상황을 개선하려는 목적이 같다면, 조금 시끄러워도 괜찮지 않을까?

 적중을 위한 이야기는 '인간의 투기 심리' 같은 추상적 내용에 머무르지 않고, 엄연한 '돈 관계'에 대해 구체적으로 들어갈 필요가 있다. 대표적 코인이면서 가상자산의 돈 문제를 볼 수 있는 사례가 뭘까? **대한민국의 플랫폼 코인 카카오의 클레이**를 얘기할 시간이다.
'대기업이 하는데 그래도 뭔가 있구나', '대기업까지 이러다니 심각하구나'
- 둘 중 어느 쪽인지, 그냥 덮고 갈 문제인지, 계속 두고 봐도 될 문제인지 얘기해보자.

목차

Intro 3

1장
클레이(Klay)가 뭔지

1.1 클레이 수익 규모   10

1.2 사업의 이해   12
블록체인과 가상자산의 개념   12
플랫폼 코인과 토큰형 코인   13
사업의 본질   14

1.3 가상자산의 유동화   18
처분 목적에 따른 구별   19
유동화 관련 서비스업자   22

2장
그들만의 리그

2.1 전체 개요 28

2.2 조직 변경과 사업의 전개 33

2.3 왜 자꾸 바꾸는가 39

    ▶ 이런 일이 다 있다 50
        - 크래커랩스, 크로스랩, 쓰러스트, KGF(클레이튼성장펀드)
    ▶ 이런 관계도 있다 65
        - 하이퍼리즘, 클레이와 위믹스, 테라·루나
    ★ 클레이 결산 74

3장
지금부터 질문을 시작하겠습니다

Q1 법적으로는 어떤 문제가 있을까? 78

Q2 가상자산을 판 돈의 회계처리, 뭣이 중한가? 94

Q3 카카오는 어떻게 코인을 파는가? 98

Q4 카카오는 왜 코인을 하는가? 103

Q5 다른 사업자들은 왜 안 하나? 106

보너스 질문_월드코인에 대한 여러분의 질문을 생각해 보세요! 110

    부록 가상자산과 정치인 113

1장

클레이(Klay)가 뭔지

투자를 하는 것은 사업자의 차에 타는 것과 같다.

클레이가 뭔지 설명하는 사람들은 사업자가 만든 '마케팅 자료'를 가지고 얘기하고 있다. 사업을 이해하려면 사업자 관점에서 생각해 봐야 한다. 투자자의 운명을 결정하는 것은 그 사업자의 '일'이지 '입'이 아니니까.

1.1 클레이 수익 규모

사업자가 사업을 하는 것은 당연히 돈을 벌려는 목적이다. 카카오는 코인 사업으로 얼마나 벌었을까?

2019년 클레이 100억 개를 만들었고, 2022년 말 기준으로 약 30억 개가 유통되었다. 모든 코인은, 비트코인 같은 채굴형이 아닌 이상, 발행사업자가 자기 지갑에 발행해 놓은 물량을 외부에 처분하면 그것이 유통량이 된다. 단순히 200원으로 계산하면 6천억 원, 2천 원으로 계산하면 6조 원이다. 참고로 카카오 그룹 전체가 서비스를 통해서 번 영업이익이 2020년 4,500억 원, 2021년 5,900억 원, 2022년 5,800억 원이다. 그런데 클레이를 판 돈은 '카카오'로 들어가는 게 아니다. 뒤에서 설명하겠지만, 카카오는 자회사를 통해 클레이를 만들었을 뿐이고, 개인들에게 줘서 그 사람들이 팔았기 때문이다.

<클레이 가격>

1.2 사업의 이해

카카오의 코인 사업은 **클레이튼**이라는 블록체인 플랫폼 서비스를 하면서, 클레이튼 생태계의 기축통화인 **클레이**를 만들어서 판매하는 사업이다.

블록체인과 가상자산의 개념

블록체인은 가상자산의 발행과 기록을 처리하는 프로그램 및 그 결과물인 데이터의 총체를 말한다.

지갑 프로그램과 블록체인 프로그램이 따로 있다. **지갑 프로그램**을 설치하면 계정이 생성되서 거래를 할 수 있다. 지갑 프로그램에서 거래가 요청되면, **블록체인 프로그램**을 설치한 컴퓨터에서 그 신호를 받아서 거래기록을 처리한다. 비트코인은 **개방형 네트워크**로 아무나

설치해서 참여할 수 있지만, 클레이튼은 이후에 등장한 대다수 블록체인이 그렇듯 사업자 측에서 알아서 처리하는 **폐쇄형 네트워크**이다. 폐쇄형 네트워크에서 블록체인 데이터 처리에 관여하는 주체들을 GC(Governance Counsel)라고 한다.

플랫폼 코인과 토큰형 코인

최초의 블록체인인 **비트코인 프로그램**은 '비트코인의 발행과 거래'라는 한 종류의 데이터만 처리하도록 개발되었는데, 비탈릭 부테린이라는 사람이 이것을 변형한 이더리움을 만들면서 코인 대환장 파티가 벌어지게 된다.

이더리움은 '이더의 발행과 거래' 뿐 아니라, '간단한 프로그램의 실행기록'을 저장할 수 있다. 이름짓기 장인[1]인 이더리움 재단에서는 그 프로그램을 **스마트 컨트랙트**(Smart Contract)라고 이름 붙였는데, 한마디로 '코인을 발행하고 거래하는 명령'을 처리하는 것이다. 이더리움에서 공개한 스마트 컨트랙트를 실행해서 코인을 만들고 거래하면 그 기록을 이더리움 블록체인에서 저장해준다. 덕분에 사람들은 블록체인을 따로 만들지 않고도 자기 코인을 만들어서 팔

---

1) 코인과 관련된 모든 용어들은 이더리움 재단에서 만들었다.

수 있게 되었다. 이더리움은 여러가지 프로젝트를 지원한다. DeFi, DEX, 게임, NFT마켓, DAO등 블록체인에 기록되는 활동은 무엇이든 블록체인 프로젝트라 볼 수 있다. 자기만의 코인(NFT포함)을 만들어서 직접 거래소에 상장하지 않고도, 이런 프로젝트를 통해 플랫폼 코인과 교환함으로써 쉽게 현금화할 수 있다. 자기 코인을 파는 사업과 이용자들이 많아지면, 환전의 매개로 쓰이는 플랫폼 코인의 거래가 느는 효과가 있다.

이더리움의 이러한 서비스를 **블록체인 플랫폼 서비스**라고 한다. 클레이튼은 카카오에서 만든 블록체인 플랫폼 서비스이다. 이더, 클레이가 **플랫폼 코인**이라면, 남의 블록체인에서 기록하는 것을 **토큰형 코인**이라고 한다. 당연히 토큰형 코인이 훨씬 많다. 둘은 사업적으로 공생 관계이다. 토큰형 코인은 블록체인 서비스가 있기 때문에 만들어서 팔 수 있는 것이고, 플랫폼 코인은 자기 블록체인을 사용하는 토큰 사업들이 존재하기 때문에 쓰임새가 있다고 하면서 팔 수 있다.

사업의 본질

블록체인은 코인을 발행하고 기록하는 문제일 뿐이고, 사업측면에서는 플랫폼 코인이나 토큰형 코인이나 본질이 같다. 사업자는 그 코인을 팔아서 돈을 번다. 그런데 코인을 팔려면 어떤 명목이 필요하다.

오를 꺼 같으니까 사는 건데 뭐가 더 필요해?

그래도, 그렇게 말하면서 팔 수는 없잖아.

"이 코인은 어디어디에 쓰임새가 많아지면서 수요가 늘어난다", "이 코인은 사서 맡겨두면 더 준다", 이런 말이 있어야 투자자들을 유인할 수 있다. 토큰형 코인들은 앱 같은 것을 만들어 놓고, 게임에 쓴다, 결제에 쓴다, 걸으면 준다 등등 아무말 잔치를 하고 그것도 귀찮으면 높은 이자율로 더 준다고 해서 판다. 동시에 이런 말들은 교수들이 발표에서 web 3.0이다~ 금융이다~로 포장하는 덕분에 코인 거래소를 유지할 명분이 된다. 클레이는 이 정점에서 여러 프로젝트들을 뒤에서 지원하면서, 플랫폼 코인으로서 수요가 늘어날 거라는 점을 명목으로 하여 파는 코인이다.

명목이라고 하는 이유는, 그들이 표방하는 서비스를 제공한 대가로 돈을 버는 **사업구조**가 아니기 때문이다. 서비스 이용료를 계산하는 것이 목적인 지급수단들은 이미 있다. 그런데 가상자산은 굳이 불편하게 "거래소에서 사가지고 와서 지불하라"고 하면서, 사업자 자신이 제일 먼저 제일 많이 판다. 이건, 처음부터 서비스를 제공하고 돈을 벌겠다는 사업구조가 아니다. 코인을 파는 것이 목적인 사업이다. 사실 우리도 다 알고 있지 않나?

저는 토큰 이코노미에 진심입니다!

돈이 어떻게 돌아가는지만 보면 된단다.

블록체인과 가상자산의 기술이 발전하고 있다면서, 2.0, 3.0 얘기를 한다. 10.0까지 나왔다고 치자. 이 사업에서 제일 중요한 게 뭘까?

그놈의 탈중앙화, 탈중앙화, 탈중앙화!
한국은행에서 돈을 만든다고, 한국은행에서 돈을 가지나?
'코인=돈'인 사업에서 중요한 건, 바로 '누가 코인을 가지느냐!'이다.
코인 사업에서 부는 결코 탈중앙화되어 있지 않다.

비트코인, 이더리움 같은 개방형 네트워크에서는 블록이 만들어질 때 코인이 신규로 생성된다. 그 코인은 블록을 만든 참여자에게 지급되기 때문에 블록을 만드는 것을 **채굴**이라고 한다.[2] 이 경우에도 최초에는 프로그램 개발자가 자기 주소로 **제네시스 코인**을 선발행해서 **제네시스 블록**을 만들어 놓고, 그 코인을 다른 주소로 지급하는 기록들을 담아서 1번, 2번…블록이 생긴다. 그럼 처음에 몇 개를 만들어 놓지? 그건 엿장수 마음이다.

비트코인의 제네시스 코인은 50개였는데, 이더리움은 7천 2백만 개를 선발행했다.
그래서 이더리움 재단은 돈방석에 앉을 수 있었던 것이다. 나머지 코인들은 이런 걸 따질 것도 없이 아예 다 만들어 놓고 시작한다. 클레이도 100억 개를 선발행해 놓고 클레이튼을 오픈했다. 이것을 파는 행위를 코인사업자는 블록체인 운영과 생태계 조성, 즉 '사업'에 필요한 자금 조달로 설명하면서, ICO, MM 같은 주식 느낌이 나는 용어를 쓴다.

---

[2] 채굴형 네트워크에서는 거래기록을 요청하는 사람(코인을 A지갑에서 B지갑으로 보낼 때 A)도 코인을 수수료로 지불해야 한다. 참여자는 채굴(신규 코인)＋수수료(기존 코인) 2가지로 보상을 받는다.

1.3 가상자산의 유동화

가상자산 사업은 곧 가상자산의 처분이다. 만든 사람이 처분하는 것을 업계 용어로 **유동화**라고 한다. 원래 유동화는 '쉽게 처분하기 어려운 자산을 증권화[3]해서 유통될 수 있게 만드는 것'이고, 해당 증권을 처분해서 자금을 조달하는 것은 거기에 뒤따르는 행위이다. 가상자산은 이미 증권화된 상태이기 때문에 그냥 처분만 하면 된다. 그래서 영어로는 **'securitization'**이 아닌 **'liquidation'**인데, 한국에서는 이것을 '처분'이 아니라 '유동화'라고 번역해서 쓴다. 가상자산을 '판매'하고 끝이 아니라, 사업을 통해 가상자산의 가치를 올려주는 '투자'임을 강조하려는 의도이다. 결론적으로, 이미 증권화된 가상자산의 유동화는 처분과 같은 의미이다.

---

3) 투자의 권리를 표시해서 이전 가능한 상태로 만든 것

처분 목적에 따른 구별

가상자산의 처분, 즉 발행사업자가 가상자산을 남에게 넘기는 관계는 어떤 경우에 생길까?
팔았거나 줬거나 둘 중 하나일 것이다.

판매는 발행사업자가 **거래소를 통해 직접 파는 것**도 가능하지만, 주로는 **블록딜업자**를 통한다. **자기 코인을 맡기고 다른 코인을 받아서 그 코인을 현금화**하는 방법도 쓴다. 코인은 부동산처럼 소유권 등기, 저당권 등기가 따로 있는 것이 아니어서 담보로 잡히는 방법은 담보권자의 지갑으로 넘겨주는 것인데, 락업(lockup)도 제대로 안 걸고 담보라고 한다. 안 갚아서 청산되면 잃는 것은 코인뿐이고 대가는 이미 받았으니, 결국 파는 것과 같아진다.

주는 경우? **공짜 에어드랍**을 제외하면 **투자, 비용 지불** 같은 이유가 있을 것이다. 특히 클레이는 플랫폼 코인이기 때문에 '판매 외의 처분' 부분이 두드러진다. 이 책에서 지적하는 주요 문제점도 클레이 '퍼주기'이다. 받은 사람은 일반투자자들에게 팔아서 현금화한다. 코인을 판 돈을 주는 것이나 코인을 줘서 팔게 하는 것이나, '당사자 간의 경제적 효과'와 '유통량이 증가하는 결과'는 똑같다. 코인을 주는 대표적 경우는 다음과 같다.

- ✔ **GC 참여** : 우리나라 회사가 만든 대표적 블록체인에는 **카카오의 클레이튼, 카카오게임즈의 보라 2.0, 위메이드의 위믹스 3.0**이 있다. 자기가 만들고 자기만 다 가지면 좋을 것 같지만, 블록체인은 탈중앙화라는 말로 시작되었기 때문에 데이터 처리를 다수가 하는 모양새가 필수이다. 은행, 대기업 같은 대외적으로 신뢰를 줄 수 있는 파트너사들을 GC로 영입하고, 거기에 자기 계열사와 투자파트너들도 끼워 넣는다. GC가 되면 그 블록체인에서 만든 코인 - 클레이, 보라, 위믹스를 받는다.

- ✔ **제휴와 파트너십** : 쓰임이 많다고 마케팅하는 빠른 방법은 제3자를 활용하는 것이다. 국내, 해외 회사들과의 제휴, 파트너십, MOU 등을 내세워 호재를 만들지만, 실제로는 아무 일도 하지 않는 경우가 허다하다. 예를 들어, "밀크를 야놀자 결제에 쓸 수 있게 된다", "테라를 티몬 결제에 쓸 수 있게 된다"라면서 팔 때, 야놀자와 티몬이 제휴사업자에 해당한다.[4] 제휴사업자에게도 코인을 주어야 하지만, 어차피 많기 때문에 문제가 안 된다. 플랫폼 코인인 클레이의 쓰임은 '토큰형 코인을 파는 블록체인 서비스에서 기축통화로 사용된다'는 것이다. 즉, 클레이튼이 직접 서비스를 제공할 필요는 없기 때문에 제휴보다는 아래에서 설명할 투자 명목의 처분이 많다.

---

4) 티몬 전 대표는 테라로 결제를 받는다고 말해주고 루나 코인을 받은 것 때문에 배임수재죄로 기소되어 재판을 받고 있다(준 사람은 배임증재죄).

- ✔ **개발자에 대한 투자**: 토큰형 코인 사업은 게임, 디파이, 메타버스 등 서비스를 만든 다음, 자기 코인(NFT 포함)을 발행해서 클레이를 받고 파는 것이다. 그런데 클레이튼측에서는 발행된 미유통 클레이에 '클레이 리저브', 'KGF(클레이튼 성장 펀드)', 'KIR(클레이튼 개선 준비금)' 같은 이름을 붙이고 이런 프로젝트들에 투자를 했다. 그러면 또 일반인들은 "카카오가 직접 투자했다."면서 그 프로젝트에 투자를 한다. 클레이튼 입장에서 이런 펀드들은 수익 목적이라기보다는 지원 프로그램에 가깝다. 그렇다고 자선, 증여 성격이 아님은 물론이다. 유통량이 늘어난 만큼 클레이 가치가 떨어지기 때문에, 일반투자자를 생각해서 생태계 기여도를 고려하여 잘 집행했어야 했다.

- ✔ **엑셀러레이터에 대한 투자**: 초기 단계의 사업을 위해서 기획을 돕고 마케팅, 업무 공간 제공 등 다양한 지원을 하는 것을 엑셀러레이팅이라고 한다. 클레이튼측은 이 회사 저 회사에 엘셀러레이팅을 맡기면서, 그 회사들한테 '알아서 투자하라고' 클레이를 준다. 이렇게 개발자뿐 아니라 투자회사, 투자회사에 투자하는 투자회사, 또 거기에 투자하는 회사들로 클레이를 뿌렸기 때문에, "결론적으로 누가 얼마나 받았고 뭘 했느냐?"고 물으면, 크러스트나 클레이튼재단에서는 자기가 한 일이 아니라서 모른다고 할 것이다.

유동화 관련 서비스업자

코인의 대량 처분을 도와주는 다음과 같은 업무들이 있다. 증권법은 못 지키겠다면서 주식에서 쓰는 용어들은 그대로 쓰고 있다.

- ✓ **초기투자, 프리세일(pre-sale)** : 거래소 상장 전에 사는 것이다. 특정 집단이나 인물을 대상으로 비공개로 진행하기 때문에 프라이빗 세일, 얼리백커(Early Backer)라고도 한다.

- ✓ **가상자산거래소** : 궁극적으로 모든 돈이 일반 투자자에게 코인을 팔아야 나오기 때문에 거래소는 가상자산 비즈니스의 중심이다. 거래소는 중개 수수료도 받고, 직접 투자도 하고, 상장피도 받을 수 있다. 거래소는 중앙화거래소, 탈중앙화거래소로 나눈다.

  중앙화거래소는 거래소에 계정을 만들어 두고, 클레이 1개 샀다고 치겠다, 클레이 1개 팔았다고 치겠다~하면서 거래소와 계산하는 것이다(개인 지갑으로 코인을 보내달라고 하면 따로 수수료 받고 보내준다). 최종적인 현금 거래는 거래소 전용 계좌를 만들어서 해당 계좌로만 하게 되어 있다.

  탈중앙화거래소는 이용자들이 각자의 지갑 계정을 통해서 코인을 직접 교환한다. 탈중앙화거래소에서는 연계된 프로젝트를 통해 코인을 맡기면 코인을 더 주거나, A코인을 맡기고 B코인을 빌릴 수 있는 프로그램을 제공한다. 그 실질은 코인을 사서 레버리지를 추구하는 투자이지만, 형식이 예금이나 대출과 비슷하다고 하면서 **디파이(Decentralized Finance, 탈중앙화금융)**라고 이름을 붙여 놨다. 디파이 사업자들은 자기들은 '중개' 역할은 하지 않고 거래의 장만 제공하는 것이라고 주장하면서 가상자산사업자 신고를 하지 않는다.[5]

✔ **벤처캐피탈(VC), 가상자산투자운용** : VC는 기술력과 사업성을 심사해 투자를 결정하는 투자 전문 단체를 말한다. 기관투자자들과 큰 손들은 펀드를 만들어서 코인과 코인 관련 회사의 지분에 투자한다.

✔ **씨파이 업체** : 디파이 같은 코인 금융서비스를 법인이 주체가 되어서 제공하는 것을 **씨파이(Centralized Finance)**라고 한다. 씨파이는 아예 프로젝트 책임자가 누군지도 모르는 디파이와 달리, 망했을 때 운용사에 책임을 물을 여지가 있다. 2023년 6월 급작스러운 출금정지로 횡령 등에 대해 수사를 받고 있는 하루인베스트먼트, 델레오가 씨파이 업체이다.

---

[5] 가상자산의 '매매·교환·이전·보관·관리 또는 매매나 교환의 알선·중개'를 업으로 하는 경우 '가상자산사업자'로 신고해야 한다(특정금융거래의 이용 및 보고에 관한 법률). 이 중 '알선'은 '널리 거래를 촉진하는 행위'이기 때문에 디파이 서비스도 '거래의 알선'에 해당될 수 있으나, 신고를 안 해도 된다. 금융정보분석원(FIU)은 사실상 "접수된 신고서만 보는 것이지, 신고 안 하고 하는 건 소관 아님" 관점이다.

✔ **블록딜업자** : 주식에서 블록딜은 '물량을 대량으로 처분할 때 미리 매수자를 정해두고 장이 끝난 이후에 넘기는 것'을 말한다. 가상자산에서는 '큰손들끼리 거래소를 이용하지 않고 직접 거래하는 것' 정도로 표현할 수 있겠다. 블록딜업자는 중개수수료만 받는 경우도 있고, 자기가 그 코인을 할인해서 인수한 뒤 알아서 파는 사업 유형도 있을 것이다.

✔ **마켓메이커(Market Maker, MM)** : '매수, 매도 양방향으로 호가를 내서 투자자들의 거래 체결을 보장해주는 역할'을 시장조성자, MM업자라고 한다. '유동성 공급'이라는 표현을 쓰기도 한다. 주식 시장에서는 증권회사들이 한국거래소와 계약하고 미리 정한 가격 범위 내에서 시장조성자 역할을 한다.[6] 가상자산에도 MM업자들이 존재한다. 그런데 자격이나 규칙이 없어서, 자전거래로 시세를 조정해서 발행사업자측의 물량을 던지는 '펌프 앤 덤프(pump and dump)'를 MM이라고 부르는 실정이다. 블록딜과 MM은 밀접한 관계에 있다.

---

6) 시장조성자는 한국거래소에서 수수료를 받는 외에, 매도호가는 높게, 매수호가는 낮게 책정해서 동시에 제시함으로써 차익도 먹을 수 있다(물론 양쪽 계약이 다 체결된다는 보장은 없다).

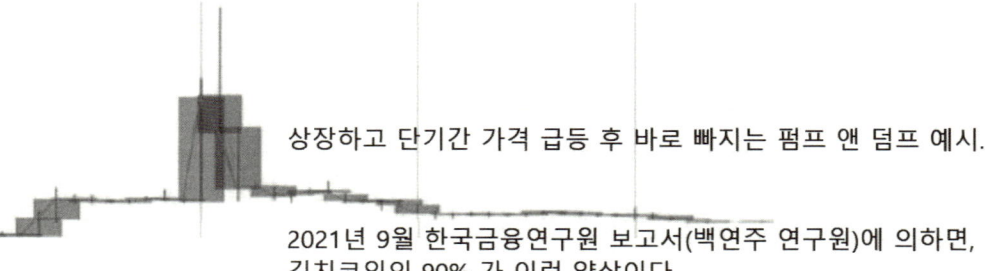

상장하고 단기간 가격 급등 후 바로 빠지는 펌프 앤 덤프 예시.

2021년 9월 한국금융연구원 보고서(백연주 연구원)에 의하면, 김치코인의 90% 가 이런 양상이다.

〈두나무 송치형 의장 자전거래 무죄〉

송 회장 등은 업비트 출범 초기인 2017년 유동성 공급을 명분으로 거래 주문을 자동 생성하는 봇 프로그램과 숫자 '8'이라는 계정을 개설하고, '8' 계정에 1,221억 원 규모의 현금을 예치한 것처럼 가장해서 **약 82만 회에 걸쳐 4조 2,670억 원어치의 가장매매**를 하였다. 검찰에서는 이것을 업비트 이용자들에 대한 기망으로 보아서 사기죄로 2018년 기소하였다. 법원에서는 **증거가 위법수집되었다는 이유로 무죄**를 선고하였다. 재판부는 "판사가 발부한 영장에서는 '전자 서버가 보관돼 있는 장소와 서버에 접속한 장소'를 '두나무 미림타워 내'로 한정하고 있는데, 검찰이 압수수색 당시 '업비트의 아마존 클라우드 계정에 접속해 DB를 다운로드'한 만큼 해외에 소재한 아마존의 클라우드 서버는 영장에 기재된 압수수색 대상이 아니며, 거기에서 내려 받은 자료는 위법수집 증거로, 증거능력을 인정하지 못 한다"고 설명했다.

위 역할들이 회사별로 구분된 것은 아니다. 하다 보면 이것저것 다 건드리게 되어 있다. 예를 들면, 루나 코인과 클레이의 백커로 알려진 **해시드**는 클레이튼의 GC면서, 카카오가 해시드의 펀드에 투자한다. 또 투자를 했으면, 자기가 산 것 보다 비싸게 팔기 위해서 또 다른 펀드를 만들고, 디파이, 씨파이를 돌릴 것이다. 이런 대량 처분의 노하우가 있으면, 블록딜도 의뢰받게 되고 MM도 하게 될 것이다. 사업자들끼리 주거니 받거니 하면서 결론적으로는 투자자들의 돈을 빨아들인다.

이런 사업 내용 중에 '가상자산 거래' 그 자체 외에 다른 부가가치가 있는 활동이 단 하나라도 있나? 정치인들은 왜 자꾸 블록체인 사업을 발전시켜야 한다고 하는 걸까? 누가 그런 말을 하는지는 부록 '가상자산과 정치인'에 정리하였다.

2장

그들만의 리그

불투명할 뿐, 이해 못할 만큼 어려운 건 아니다.

뭔가 해먹는 것도 가만히 있어서 되는 건 없다. 그 사람들은 연구도 열심히 하고, 돈도 많이 쓰고, 부지런히 움직인다. '부가가치' 창출이 없는 것이지, '불로소득'이라는 표현은 그런 의미에서는 안 맞을 수 있다. 그걸 막으려면, 일단 그게 뭔지 이해를 하기 위한 약간의 귀찮음은 감수해 줘야 한다. 우리가 그 정도를 못하는 사람들은 아니다.

2.1 전체 개요

　카카오 그룹은 2018년 블록체인 사업을 위한 계열사를 설립해서 클레이 코인을 만들었고, 2019년에 클레이튼 블록체인을 오픈하면서 **'업비트 인도네시아'**, **'업비트 싱가포르'**를 시작으로 다수의 코인 거래소에 상장하였다. 가상자산의 **'발행'**은 주체는 싱가포르 페이퍼 컴퍼니 '클레이튼'이 하고,[7] 대외적인 **'블록체인 운영'**과 **'사업'**은 다른 회사를 내세웠다. 그동안 클레이의 운영과 사업 주체는 3번 바뀌었다. 여기에서 집중 다루고자 하는 문제이기도 하다.

　2018년 말부터 2019년 초까지 먼저 비상장 상태의 클레이를 프

---

7) 싱가포르라고 ICO가 허용된 건 아니다. 투자상품을 싱가포르에서 불특정 다수에게 공모(*우리나라의 경우 50인 이상, 20억 이상을 공모로 봄)하면 규제를 받을 수 있는데, 자기 나라에서는 발행만 하기 때문에 눈 감고 있는 것이다. 마약을 A국에서 만들어도 어차피 B국민들이 다 소비하면, A국은 급할 것이 없다.

라이빗 세일로 기관들에게 팔고, 2019년 9월 업비트 해외거래소에 상장시켰다. 국내거래소에는 2020년부터 상장되기 시작했다. 프라이빗 세일은 몇 차례로 나눠서 0.02달러, 0.06달러, 0.08달러의 가격에 이루어진 것으로 알려져 있다. 거래소 최초 상장가격이 약 180원, 2021년 한때 5천원 넘게 거래됐던 것을 감안하면, 초기 투자자들은 이익을 크게 본 것이다. 여기에 대해서 클레이튼이 공식적으로 밝힌 내용은 없다. 3천억 달러가 목표였다는 말이 돌았을 뿐, 누구에게 얼마에 몇 개 팔았는지는 물론이고, 총 모집액 규모도 말할 수 없다고 했다. 한재선 그라운드X 대표가 인터뷰에서 "지난 해 1000억원 규모의 시드 투자를 받았고, 2019년 3월 추가로 1000억 투자금 모집에 나설 것"이라고 한마디 한 적이 있다. 업비트 싱가포르에 상장하면서 '2021년 3월까지 클레이 락업 물량 해제 일정'을 공시했는데, 그 개수가 약 25억 개이다. 락업은 내부자와 초기 투자자를 대상으로 하는 것이므로, 프라이빗 세일 단계에서 최초 25억 개가 풀렸다는 것을 알 수 있다.

이상의 정황을 종합하면, 1500억 ~ 3800억 규모이다. 이 돈은 어디로 들어가서 어떻게 쓰인 걸까? 2021년까지 블록체인 사업의 전면에 나선 것은 그라운드X(일본 법인)였지만, 클레이를 발행한 것은 클레이튼(싱가포르 법인)이다. 둘 중 한 곳으로 돈이 들어갔어야 하고, 그 돈은 클레이튼 사업에 쓰였어야 한다. 그런데 이 사업자들은 이후에도 계속 클레이를 주거나 파는 일만 했지, 외부에 현금을 쓴

적이 없다. 같은 기간 카카오의 재무제표를 봐도 돈이 들어오고 나간 흔적은 없고, 계열사 재무정보는 극히 제한적이다. 2018년도에는 블록체인 관련 계열사의 재무정보가 아예 없고, 2019년에는 클레이튼, 2020, 2021년에는 카카오G에 대해서만 다음 내용이 있었다가, 2022년도부터 다시 전부 없어졌다. 클레이튼은 클레이를 만들어서 팔기만 했는데, 마이너스다!?

<연결재무제표 주석
- 1. 일반 사항, 다. 주요한 종속기업 관련 재무정보 요약>

단위: 백만원

회계연도 대상회사	자산	부채	자본	매출액	당기순손익	총포괄손익
2019 Klaytn	36,826	63,196	(26,370)	–	(26,658)	(26,635)
2020 카카오G	21,894	11	21,883	–	(192)	(323)
2021 카카오G	78,677	(30)	78,707	–	(1,416)	(1,416)

* 카카오G는 '해외 블록체인 회사의 지분을 보유함으로써 사업을 지배'하는 것을 목적으로 설립된 회사이다.

2020, 2021년은 코인 버블기였다. 이때까지는 그라운드 X에서 클레이튼의 운영과 사업개발을 같이 했다. **2022년** 카카오와 전혀 지분관계가 없는 독립 법인 **클레이튼재단**으로 블록체인 운영을 넘기

고, 사업권은 **크러스트(Kurst Universe)**로 이관한다고 했다. '크러스트'는 클레이를 발행한 '클레이튼'이 이름을 바꾼 것이다. 바로 여기가 미처분 클레이를 가지고 있고, 사업은 곧 클레이를 처분하는 일이다. 그러므로 '누구에게 주었나?', '처분결정은 누가 했나?'를 중요하게 보아야 할 것이다.

클레이가 빠져나간 원천이 되는 지갑은 크게 '클레이 리저브'와 'KGF(클레이튼 성장 펀드), 'KIR(클레이튼 개선 준비금)'이다. **클레이 리저브**는 선발행 물량으로 규모가 제일 크고, 크러스트가 직접 처분한다. 이와 별도로, 클레이트재단에서는 블록이 만들어지는 1초마다 9.6 클레이를 추가 발행해서 GC에게 34%를 주고, 나머지는 KGF(54%), KIR(12%)로 쌓았다.[8] **KIR**은 '지원금'을 표방하며 신청 사이트에서 GC들의 투표로 결정된다. **KGF**는 본격 '투자'를 표방하면서 재단이 처분했다. 클레이 리저브와 KGF는 집행 내역이 공개되지 않는다. 카카오는 커뮤니케이션에서 크러스트와 재단을 구별하지 않았다. 어차피 사무실 주소도 같고 인력도 왔다 갔다 했으니, 일을 같이 하면서 그 안의 개인들은 자기 몫을 각자도생해 나가는 관계였을 것이다.

---

8) 대부분의 일반투자자들은 추가 발행이 있는지도 몰랐지만, 블록당(1초) 9.4K면 연간 약 3억 개에 달하는 물량이다. 이런 지적을 받자, 11월에 6.4K로 발행량을 낮추고, CG : KGF : KIR 분배를 5 : 4 : 1로 바꿨다.

'코인 먹튀'라는 말을 생각하면 우선 떠오르는 것은 '발행자측의 대량 처분'이다. 위메이드가 오늘날 고초(?)를 겪게 된 시작점도 '위믹스를 판 돈 2천억 원이 한꺼번에 재무제표에 등장'하면서였다. 그러나 크러스트는 업무가 '남 주기'여서 재무제표상 크러스트가 직접 번 돈은 확인이 안 된다.[9] 대신 중요한 사업이라면서 카카오 전 C레벨들이 크러스트로 이동하더니, 어느 샌가 개인회사를 차려서 클레이 리저브에서 클레이를 대량으로 받아 갔다. 재단이 집행한 KGF도 내역이 불투명하고 알려진 프로젝트 상당수가 흐지부지 사라졌다. 2022년이면 거품이 빠지고 규제 얘기가 나오는 시점인데, 클레이 유통량만 10억 개 가까이 증가했다.

그리고 1년 만인 **2023년** 카카오는 사업까지 **클레이튼재단**이 할 것이라고 발표하고 클레이 사업과는 법률적 회계적으로 확실히 선을 그었다. 크러스트재단의 서상만 이사장은 본인이 크러스트에서 사업 담당자였으면서, 그 동안의 논란에 대해서 크러스트가 한 일이라며 답변을 하지 않았다.

---

9) 카카오는 보유 코인의 종류와 개수, 거래로 인한 증감, 평가금액을 재무제표에 따로 기재하지 않는다. 팔아서 '현금'이 들어온 것은 적을 수밖에 없을 텐데, 다른 수입과 합쳐서 있어서 알아보기 힘들다.

2.2 조직 변경과 사업의 전개

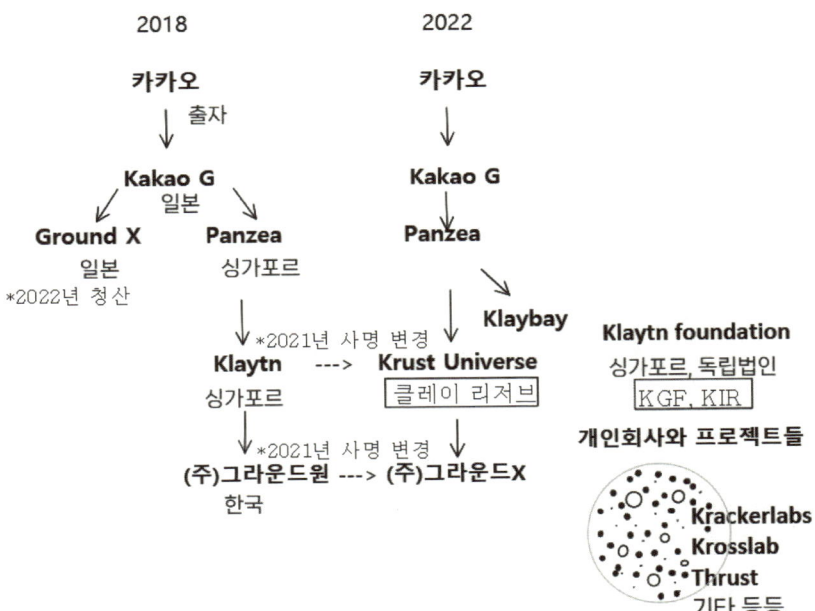

카카오 계열사 : Kakao G, Panzea, Krust Universe, (주)그라운드X, Klaybay
독립 법인 : Klaytn foundation
크러스트 CIC였던 **개인회사** : Krackerlabs, Krosslab, Thrust

☁ Klaytn → Krust Unitverse

클레이튼은 2018년 클레이를 발행해 두고 그라운드X 뒤에 조용히 있었는데, 사명을 '크러스트 유니버스'로 변경하면서 글로벌 진출한다고 전면에 나타났다. 굳이 왜 존재를 드러내야 했을까? 크러스트가 그 뒤에 한 일을 보면 된다. 그라운드X와 카카오 인력들이 크러스트로 넘어와서 블록체인 서비스 개발한다고 클레이를 받고, 임원들은 또 개인회사로 독립해서 클레이를 받아갔다. 내부자들이 클레이를 나눌 수 있는 구조를 만들면서, 동시에 이것을 투자자들에게는 '클레이튼 발전'으로 포장한 것이다.

☁ Klaytn foundation

법인 형태가 'foundation(재단)'이 아니라 회사 이름에 그 단어가 들어 있는 것이다. 이더리움이 '이더리움 재단'이라고 하니까, 거기서 이름을 갖다 쓴 듯. 등록된 사업은 '소프트웨어 및 어플리케이션의 개발 및 퍼블리싱(게임 및 사이버보안 제외)'이다. 2023년부터 여기서 크러스트 인력을 넘겨받고 사업까지 한다고 발표했다.

☁ GroundX, ㈜그라운드원 → ㈜그라운드X

클레이튼 사업주체로 처음 나선 회사. '그라운드X'는 일본 법인이다. 한국에는 크러스트(당시 클레이튼) 자회사인 ㈜그라운드원이 있었을 뿐이었다. 2021년 일본 그라운드X가 없어지면서 ㈜그라운드원이 ㈜그라운드X로 이름을 변경했다. 그런데 카카오가 커뮤니케이션을 할 때는 둘을 동일시하면서 "그라운드X가 업무를 크러스트에 이관하고 메타버스와 NFT에 집중하는 것으로 사업을 변경한다"고 하는 식이다. 대외적으로도 한국법인 대표 한재선이 클레이튼 사업발표를 했다.

㈜그라운드X는 그동안 클레이튼의 개발과 운영 용역으로 2천억이 넘는 매출을 올렸다. 특이한 점은 클레이튼 관련 업무를 크러스트로 이관했다고 한 2022년도에도 크러스트에서 1천억 넘게 용역비를 받았다는 점이다. 이 사실이 알려진 것은 2023년 3월로, ㈜그라운드X가 클레이를 '현금화'하면서 매출이 500억을 넘는 바람에 2022년도 단독 사업보고서 공시 대상이 되었기 때문이다. '더벨'의 취재에 따르면, ㈜그라운드X의 관계자는 "클레이튼 업무의 크러스트 이관 당시 개발팀이 이동한 것은 맞지만 전부가 이동한 것은 아니였다"며 "기존 개발자 중 잔류한 인원이 있고, 신규 추가 채용을 통해 크러스트에서 발주하는 클레이튼 관련 개발 용역을 수행하고 있다"고 설명했다고 한다. 재단에서 직접 판 경우가 아니라서 그런지, 위믹스랑 달리 조용히 넘어갔다. 그런데 너무 이상하지 않은가? ㈜그라운드X에 2천억을 준 것은 크러스트인데, 크러스트는 그만한 돈을 가진 적이 없다. 준 돈은 없는데 받은 돈은 있는 것은 매직이다. 그리고 매

직은…속임수가 아닌가!

☁ Krackerlabs

2021년 12월 설립된 회사. 주소지가 크러스트의 현지대리인 집주소랑 같은 걸 보면 페이퍼 컴퍼니로 보인다. 카카오 모빌리티 대표와 CBO(신사업총괄부사장)를 역임한 정주환이 만든 회사인데, 정주환은 임원으로 등기되어 있지 않다. 정주환은 한국에 '크래커스튜디오'라는 회사도 있는데, 여기서도 등기임원은 아니다. 두 회사의 업무 관계는 정확히 알려지지 않았지만, 어쨌든 클레이를 받은 것은 크래커랩스이다. 크래커랩스는 클레이튼 GC 참여, 엑셀러레이터로 몇 가지 디파이 프로젝트들에 투자한 것으로 알려져 있다. 특히 2023월 2월 클레이를 팔면서 믹서(가상자산을 여러 계정으로 보냈다 합쳤다 해서 인위적으로 기록을 섞는 프로그램)를 썼다는 의혹으로 공분을 일으켰는데, 이 부분은 뒤에서 따로 설명한다.

☁ Krosslab

22년 4월 설립된 회사. 카카오 전 CTO 신정환이 1인 주주이자 대표이다. 크로스= 등기임원 김융영도 크러스트 직원이었으며, 그는 쓰러스트의 대표이기도 하다. 클레이튼과 보라 2.0 GC 2관왕, 몇 가지 블록체인 서비스 투자 및 협업이 알려졌다. 크로스랩은 클레이를 팔 때 스왑 출구를 변경(A지갑에서 클레이를 내주면서 반대급부인 USDT는 B지갑으로 수령)한 의혹도 있다. 통상 이런 행위는 믹서와 마찬가지로 거래내역 추적을 피할 때 하는 것이다.

☁ Thrust

김융영이 1인 주주이자 대표인 회사. 역시 클레이튼 GC이며, 2건의 프로젝트로 100억 상당의 클레이를 받아서 현금화한 것으로 보이는 거래내역이 있다.

☁ Klaybay

클레이베이는 2022년 5월 설립된 회사로 11월에 게임 NFT 거래소를 열고 슈퍼워크, 스니커즈 등 블록체인 게임 20여개를 입점시킨 바, 다시말해 NFT를 팔기 시작한 바 있다. "글로벌에 진심인 클레이튼, 게임으로 승부본다" 같은 기사를 내보내고, 크러스트와 클레이베이에서 검증한 NFT만 거래할 수 있게 해서 스캠 피해를 방지할 것이라고 했었다. 2023년 상반기 소리 소문 없이 청산돼서 거래소 홈페이지는 접속이 안 되는 상태이다.

오해하면 안 되는 부분이, **이런 내역들이 블록체인이 투명해서 보이는 것이 아니다.** 블록체인 거래내역은 누구 지갑인지 모르기 때문에 클레이가 누구에게 갔는지 알기란 매우 어렵다. 클레이튼측에서 사측의 지갑 주소를 밝힌 적도 없고, 무슨 프로젝트에 얼마 줬다고 공개하는 것도 아니다. 간혹 프로젝트팀 쪽에서 홍보 목적으로 "KGF의 투자를 받았다"고 공지하는 경우도 있지만, 어차피 '팀'을 운영하는 사람들은 익명이다. 몇 년간 거래내역을 일일이 분석해서 사측의 지갑을 유추하여 찾아내고, 다시 거기에서 나간 거래들을 다른 단서들과 맞춰봄으로써 겨우 몇몇 사례들을 찾을 수 있었다.

2.3 왜 자꾸 바꾸는가

본인한테 직접 질문하면 되지.

왜 바꾼 거예요?

☁ 2019년 그라운드 X

2019년, 대한민국의 대표적인 IT회사 카카오는 기술과 사람이 만드는 더 나은 세상이라는 비전을 실현하기 위해 클레이튼 블록체인을 탄생시켰습니다. 클레이튼은 실용적이며 신뢰할 수 있도록 설계된 EVM 레이어 1블록체인으로서, 기술과 비즈니스뿐 아니라 Web3 시대에 개인들에게 힘을 실어줄 변화의 흐름에 집중합니다.

이를 위해 클레이튼 팀은 Web3 혁명에 더 많은 이들이 참여할 수 있도록 블록체인 기술의 접근성을 더 높이는 데 집중할 것이며, 이때 클레이튼이 전 세계 사회 모든 계층의 사람들을 연결시켜주는 매력적인 신뢰 레이어가 될 것입니다.

이 협력적인 Web3 공간을 위한 인프라를 만들기 위해 클레이튼의 탄탄한 커뮤니티와 강력한 인프라 기술을 접목시켜 새로운 기회를 창출하고 혁신에 더욱 박차를 가할 것입니다.

☁ 2022년 크러스트

싱가포르까지 갔다…김범수 의장 '제2의 카카오'로 낙점한 사업이…
향후 10년 성장동력으로 낙점
싱가포르에 자회사 설립하고 송지호·강준열 등 측근 배치
"글로벌 서비스 발굴" 특명
3억달러 펀드로 벤처 투자도

김범수 카카오 이사회 의장(사진)이 새 성장동력으로 '블록체인'을 낙점했다. 최근 싱가포르에 새 블록체인 자회사 '크러스트(Krust)'를 출범하고, 비영리 법인 '클레이튼 재단'도 만들어 본격적으로 사업을 해외로 확장한다. 카카오는 최근 싱가포르에 블록체인 관련 자회사 크러스트와 비영리 법인 클레이튼 재단을 설립했다고 16일 밝혔다. **크러스트는** 카카오의 해외 블록체인 사업 전진기지로, 카카오의 블록체인 플랫폼 **'클레이튼'을 활용한 서비스를 발굴·**

육성하는 역할을 맡는다. 특히 블록체인을 활용한 전 세계 스타트업에 투자하고, 이를 육성하려는 목적이 강한 것으로 알려졌다.

회사는 올해 하반기부터 클레이튼 생태계의 세계적인 확장을 위해 **3억 달러 규모 '클레이튼 성장 펀드(KGF)'로 스타트업에 투자**한다. 대표는 **송지호 카카오 공동체성장센터장**이 맡는다. **강준열 전 카카오 최고서비스책임자(CSO)와 신정환 전 카카오 총괄부사장도 합류**했다. 강 전 CSO는 카카오 창업 멤버로 퇴사 뒤 벤처투자에 전념해왔다. 신 전 총괄부사장은 최근 6년간 카카오 최고기술책임자(CTO)를 맡아왔다.

〈2021. 8. 16.자 매일경제〉

☁ 2023년 클레이튼 재단

카카오와 결별한 클레이튼 재단, 2023년 생태계 발전 계획 공개

6일 서울 강남구 크러스트유니버스에서 열린 클레이튼 재단 기자간담회에서 서상민 클레이튼 재단 이사장은 "클레이튼은 출범 당시 초기에는 중앙화 전략으로 운영하면서 생태계 안정화 작업을 하고, 이후 점진적으로 탈중앙화하는 것을 목표로 로드맵을 짰다"라며 "지난해부터는 탈중앙화가 안정화 단계에 접어들었다고 판단했다. 이에 따라 **크러스트에서 재단으로 사업이 이관**된 것이며, 재단이 아닌 **거버넌스 카운슬(GC)의 권한이 확대**됐다"고 지금까지의 상황을 설명했다.
주요 NFT와 디파이 프로젝트의 이탈 및 사업 중단 상황 발생에도 탈중앙화

안정기에 접어들었다고 생각하는 이유에 대해서 존조 마케팅 팀장은 "디파이 정보 플랫폼인 디파이라마(Defillama)에 따르면 TVL기준 클레이튼은 15위다. 온체인 거래량으로는 14위다. 객관적인 수치들로 보면 디파이 생태계가 활발하게 돌아가고 있는 것"이라고 주장했다.

또, 이지훈 전략 및 토크노믹스 책임자는 "**(러그풀이나 사업중단을 한) 해당 프로젝트들은 클레이튼 재단이 아닌, 크러스트가 투자를 한 곳이기 때문에 재단이 답변드릴 수 있는 내용은 없다**"라면서도 "앞으로 재단은 재정적인 지원보다는 마케팅이나 자문, 네트워킹 등 비재정적으로 지원을 해주려고 한다"고 강변했다.

- **카카오와 클레이튼 재단은 어떤 관계인가?**
카카오가 처음에 클레이튼을 시작한 것은 맞지만 지금은 GC참여자로 변경됐고, 이제는 재단이 주축이 돼 움직인다고 보면 된다. **현재 카카오와 재단은 완전 독립된 법인**이 됐다.

- **디파이 생태계가 무너지면 투자자의 신뢰를 찾기 힘들다. 지난해 이 과정을 겪은 클레이튼은 이 신뢰를 찾기 위해 어떤 준비를 하고 있나?**
이전에 일어난 일은 우리가 아닌 크러스트에 문의하는 것이 맞지 않을까 싶다. 이와 별개로 우리 재단은 프로젝트가 서비스를 잘할 수 있게끔 환경을 만들어주는 것이 디파이 생태계를 활성화시키는 것이 아닐까 싶다.

〈2023. 6.자 재단 기자간담회〉

됐지?

왜?

뭐?
표정 뭐야.

뭐가?
정말 그렇게 생각할
수도 있나 싶어서.

　코인을 파는 사업의 내용은 변한 적이 없다. 인력도 같은 사람들이 소속만 바꾸는 것이다. 글로벌 서비스를 하겠다고 했지만, 실제 그 코인은 우리나라 사람들이 다 샀다.

〈2022〉

　당시의 상황 모두가 알듯이 주식과 가상자산 투자시장은 2021년 정점을 찍고, 2022년 거품이 꺼지면서 글로벌 경기침체 국면으로 변했다. 2020년, 2021년에는 IT기업들의 신규 상장도 활발해서 카카오 그룹도 카카오게임즈, 카카오뱅크, 카카오페이를 잇따라 상장시킬 수 있었는데, 2022년부터는 신규 상장이 쉽지 않게 되어서 스톡옵션 보상에는 당분간 차질이 생겼다고 할 수 있다. 게다가 2021년

12월 카카오페이 상장 직후 경영진의 주식처분이 도마 위에 오르면서, 상장 후 일정기간(대표 2년, 임원 1년) 경영진이 주식을 처분하지 못하는 조건도 생겼다.

　그런데 클레이로 하면, 받는 것도 파는 것도 자유롭다!
주식 상장과는 비교가 안 될 만큼 조용하고 쉽게 많은 돈을 벌 수 있고 세금도 안 내고 추적도 어렵다. 대신! 그 돈은 '카카오'라는 회사가 버는 것이 아니라, 몇 명이 다 버는 것이다. 2022년 크러스트라는 '중요 사업'에 '핵심 인력'을 모았고, 크러스트가 그들에게 클레이를 대량 준 것은 객관적 사실이다. 크래커랩스 정주환이 상장 준비를 하고 있다 좌절된 카카오 모빌리티의 전 대표였다는 점도 그래서 눈이 가는 것이다.

　주는 사람과 받는 사람 클레이를 잘 주려면 구조를 어떻게 만들어야 할까?
일단 클레이튼 운영을 클레이튼재단이라는 독립 법인으로 해서 카카오와 분리한다. 클레이튼재단에서 클레이가 나가는 것은 카카오의 회계장부와 무관하지만, 그렇더라도 "재단 물량 처분됐다"는 말은 나오지 않게 하는 것이 좋다. 재단에 쌓이는 추가 발행 물량을 KGF라고 부르고 펀드에서 투자하는 거라고 한다. 선발행된 물량은 원래 크러스트(이름 변경 전 클레이튼) 소유였으므로 크러스트가 처분한다. 크러스트 역시 '블록체인 생태계 투자'를 대대적으로 표방했는데, 그러면서도 밖으로는 KGF를 알렸을 뿐, 크러스트의 클레이 리저브는 조용히 집행되었다. 물량은 여기가 많다. 자기가 발행한 미유통 유보(Reserve) 물량은 자산으로 기재하지 않아도 되기 때문에 크러스트의 클레이 보유 및 처분은 카카오의 회계장부에 기재되지 않는다.

받는 쪽은 따로 준비할 것은 없다. 클레이 투자를 받는데 꼭 '법인'일 필요도 없고, 프로젝트별로 팀 이름만 붙이면 되기 때문이다. 크러스트로 이동한 직원들이 프로젝트를 만들어서 클레이를 투자받는다.

개인회사 크래커랩스, 크로스랩, 쓰러스트는 처음에는 크래커 팀, 크로쓰랩 팀 이런 식으로 부르면서 크러스트 내의 CIC(Company in Compnay)[10]로 알려졌는데, 어느새 개인회사로 되었다. 프로젝트만 열어서 받아도 되는데, 굳이 왜 회사를 만들까?

① 물량을 많이 받으려면 회사 형태가 필요하다. 설립 직후 크래커랩스는 클레이튼의 GC가 되고, 크로스랩은 클레이튼과 보라 2.0의 GC가 되었다. GC가 되면 상당량의 코인을 보상으로 받게 된다. ② 단순히 서비스 개발 명목으로 지원받는 것에 그치지 않고, 자기

---

10) 특정 사업을 독립적으로 운영할 수 있도록 의사결정권, 재무, 인력 등이 분리되어 마치 별도 회사처럼 움직이는 조직

자신이 엑셀러레이터가 되는 계약을 맺어서 스스로 다른 개발자에게 투자할 수 있게 된다. 투자회사 역할로 받는 클레이는 양도 많고, 이동 경로가 복잡해지는 효과도 있다. ③ 법적으로 선을 그을 때 좋다. 크래커랩스의 믹서 사건은 처분 시점이 '클레이 소각 정책 발표로 가격이 급등'한 시점이었다는 점 때문에 '내부정보 이용'이라는 지적이 나왔는데, 크래커랩스에서는 "크래커 팀은 재단 및 크러스트와 별개의 독립된 법인이기 때문에 내부자 거래에 해당되지 않는다"고 대응했다.

　결론적으로, 크러스트의 클레이 처분은 대부분 투자 명목으로 이루어졌다. 클레이튼재단의 펀드까지 포함해서, 그들이 클레이를 투자하는 기준은 무엇이었으며, 누구한테 얼마를 줬는지, 클레이를 받은 사람들은 그만큼 클레이튼 생태계 가치 제고에 기여를 했는지, 사후관리나 평가라도 있었는지? 프로젝트팀이 먹튀를 했을 때, 손해 회복, 투자자 지원, 재발 방지 중 어느 하나라도 성의를 보였는지? 단지 가격이 떨어진 문제가 아니다. 클레이튼 자체가 '걸레이튼'으로까지 불리게 된 과정을 볼 때 "클레이튼의 실패는 철저히 계획된 실패다."라고 말해도 이상할 게 없다. 과연 크러스트는 사업을 한 것인가? 자기들끼리 돈 잔치를 한 것인가?

⟨2023⟩

당시의 상황 2022년 동안 크러스트는 카카오 임원 밀어주기, 깜깜이 투자, 부실한 프로젝트 관리, 러그풀 속출 등의 논란을 일으키며 신뢰가 바닥을 뚫는다. 당연히 투자자 커뮤니티는 부글부글했는데, 크러스트는 그간의 투자 내용을 설명하거나, 어떻게 개선하겠다는 대책은 말한 적이 없다. 2023년 3월 "크러스트 강준열 대표가 책임을 통감하면서 지난달 말 사임했더라."는 기사가 났다. 알고 보니 사임했던데, 아마도 책임을 통감했기 때문일 듯? 또 4월에는 "강준열 전 대표가 원래 사재를 투입해 클레이를 사고 있었는데, 4월에 또 1,500만원어치 샀고, 10월까지 계속 살거다"라는 기사까지! 그런데, 크러스트의 등기부상 대표는 카카오 전 CFO 송지호이고, 강준열은 임원으로 등기 되지도 않아서 그냥 '합류'라고 표현하더니, 언제부터 강준열이 대표라는 건지?[11]

제로 리저브 발표 2023년 2월 "선발행된 클레이 리저브 물량을 대거 소각하고, 남은 부분은 GC들이 주체가 돼서 신중히 처분하겠다"는 일명 '제로 리저브' 정책을 발표했다. 이 소식으로 클레이 가격은 200원 대에서 400원 대로 올랐다.

---

11) 비등기로도 임원 직함을 많이 쓰지만, 대표이사는 반드시 등기임원이어야 한다.

2023. 3. 2.자 Tech M

카카오 클레이튼 '제로 리저브' 첫발…1.8조원 규모 클레이 소각

카카오 클레이튼재단이 제안한 **클레이 소각 및 새로운 토크노믹스 안건**이 주주 역할을 하는 **거버넌스 카운슬(GC)의 투표를 거쳐 통과**됐다.

2일 클레이튼 공식 미디엄에 따르면 지난 22일 클레이튼재단이 제안한 '클레이 미유통 물량 소각 및 새로운 토크노믹스'가 31개 GC 중 26개 GC가 투표에 참여, 참여한 GC들이 모두 찬성하면서 만장일치로 통과됐다. 이에 따라 재단은 미유통 클레이 물량 72억8000만개의 **약 73% 해당하는 52억 8,000만 클레이를 소각**할 예정이다.

또 **잔여 20억 클레이는** '클레이 가치 제고 리저브(KVCR)'로 분류하고, **GC 멤버들의 온체인 승인 절차 하에 클레이의 수요를 창출할 수 있는 사업에 활용**함으로써 전반적인 클레이 유통량을 조절하는데 기여토록 한다. 더불어 KVCR 또한 향후 3년 내 최적의 활용처를 찾지 못한다면 전량 소각한다.

클레이튼재단 그런데 남은 클레이가 70억 개니, 50억 개니 하는 숫자가 그 사람들 입장에서 중요할까? 주목할 것은 이때 처음으로 카카오와 선을 긋는 발언이 나왔다는 점이다. 클레이튼재단은 카카오와 지분관계가 없어서, 여기에서 운영과 사업을 모두 가져가면 이제 카카오는 클레이에 관해 법적 회계적 세무적으로 손을 뗄 수 있다.

① 가상자산 투자 수익 및 증여에 대한 과세가 원래는 '22. 1. 1.자 거래부터 부과될 예정이었으나, 두 번이나 유예돼서 2025년

으로 미루어졌다.12) 소득세 대상이 되었다면, 클레이를 자기들끼리 주고받은 내역을 국세청이 요청하거나 조사할 수 있었을 것이다.

② 가상자산 매매차익에 대한 세금은 유예되었지만, 기업 세무조사를 할 때는 클레이 관련해서 생긴 돈, 계열사 간 거래 등을 살펴볼 수가 있다. 그런데, 카카오 그룹은 2019년에 세무조사를 받았기 때문에13) 다음 세무조사는 2024년이다.

③ 최근에는(2023년 7월) 금감원장이 "상장법인의 가상자산 회계처리 기준을 정비하여 이르면 2023회계년도 재무제표부터 적용한다"는 정책을 발표했다. 그렇게 되면, 보유하고 있는 가상자산의 종류별 수량과 증감, 시가 평가에 따른 금액, 현금화 내역 등을 사업보고서에 기재하게 될 것이다. 이 공개 효과 덕분에 불투명한 거래와 무분별한 투자가 어느 정도 억제될 수 있다.

---

12) 홍남기 기재부장관의 "과세유예 없다"는 발언(21년 9월)이 무색하게, 법 시행 며칠을 앞둔 12월 말에 1년 유예하는 법안이 처리되었다. 22년 12월에도 한 번 더 그런 식으로, 이번에는 2년이나 유예된다. 마치 시간을 벌어주려는 듯이.

13) 2018~2019년 클레이 ICO 대금은 '투자 차익'이 아니라 '판매'라서 세금을 내야 한다. 임직원들이 보상으로 클레이를 받은 부분도 마찬가지이다. 국세청이 이런 부분을 본다는 기사가 있었고, 결과가 외부에 알려진 바는 없다.

그런데 카카오 그룹은 이미 클레이튼재단으로 사업을 옮겼기 때문에 바뀐 회계기준의 영향을 받지 않을 전망이다.

▶ 이런 일이 다 있다

크래커랩스

웹사이트 : krackerlabs.io, contact@Krackerlabs.io
Develop, Incuvate, Invest 메뉴만 있고 아무 내용 없는 껍데기 사이트

설립되자마자 클레이튼 GC가 되었다. CIC 중에서도 제일 유명한 이유는 클레이를 처분하면서, 믹싱(거래내역 추적이 어렵도록 프로그램 사용) 기법을 사용해서 충격을 주었기 때문이다.

사건의 발단은 23년 3월 6일 "특정 바이낸스 지갑으로 클레이가 계속 입금된다"는 사실이 공개되면서였다(크립토체크공지방). 3월 9일 "해당 거래의 출처는 크래커랩스이며, 믹서가 사용되었음"이 알려졌다(변창호코인사관학교). 사실을 인정할 수밖에 없자, 크래커랩스는 판매에 대해서는 "팀 운영과 신규 프로젝트의 자금 마련 목적"이라 했고, 프로그램을 쓴 이유는 "대량 처분으로 시장 충격이 생길까봐 분산한 것"이라고 했다. 이 사태로 클레이튼이 받고 있다는 '보안 감사'의 신뢰도에도 의문이 제기되었다. 클레이튼 온보딩 프로젝트의 보

안 감사 업체는 **해치랩스**라는 곳이다. 문제의 거래들이 감사대상이 아니었던 건지, 감사를 했는데 놓쳤던 건지 명확히 밝히지 않고, "의도적으로 매우 복잡한 트랜잭션을 한 것은 맞지만, 전문가 수준에서 찾지 못할 정도는 아니기 때문에 믹싱은 아니다."라는 소감(?)을 내놓았다.

이 매도는 2월 22일부터 3월 6일까지 1천만 개 이상, 400억이 넘는다. 시점도 논란이다. 2월 22일이면 제로 리저브 발표의 영향으로 가격이 상승해 있던 때이다. 이렇게 호재가 나오면 내부자들이 제일 많이 처분하고, 이로 인해 가격이 또다시 떨어지는 식인데, 재단의 자구책이 무슨 소용이 있으며, 애초에 누굴 위한 것일까? 크러스트나 클레이튼재단에서는 사실 확인 중이라고 했을 뿐, GC 제명 등의 조치는 없었다. 몇 달 지났다고 잊히는 중이다.

 궁금한 건 질문해야지

Q : 어떻게 찾은 건가?

A : 거래기록을 거꾸로 따라가 보았는데, 보통의 패턴이 아니어서 역추적이 불가능했다. 송금이 A → B → C 순차적으로 되지 않고, 중간에 이상

한 계정이 끼어서 수백 군데에서 그 한 계정으로 클레이가 모이고 거기서 다시 여러 거래로 분산돼서 나가는 식이었다. 그 거래들은 프로그램에 의해 자동으로 만들어진 것이었으며, input 실행코드를 뜯어봤더니, 명령어에 공통적으로 크래커랩스의 주소가 보였다. 'OO에 있는 코인을 ~~ 조건으로 옮겨라' 이런 식으로 프로그램을 짰으니, input 마다 OO이라는 주소가 들어있게 되는 것이다.

Q : OO이 크래커랩스 지갑이라는 건 어떻게 아는 건지? 회사 지갑 주소는 공개되는 건지?

A : 사업자가 자기 지갑 주소를 공개하지는 않는다. 전부터 계속 클레이 튼쪽 물량이 나가는 걸 추적하면서 크래커랩스 지갑이라고 나름 특정해 둔 리스트가 있었기 때문에 알 수 있었다.

2023. 3. 22.자 일요신문

**클레이튼 GC 크래커랩스 돈세탁 의혹 일파만파…인터폴은 처벌 권고
카카오 관계사서 클레이튼 기축통화 '쪼개기 입금'하다 덜미…크래커랩스
"운영자금·신규 프로젝트 위해 매도한 것"**

"한국이 아니라 미국이었다면 바로 잡혀갔을지도 모릅니다. 그 정도로 큰 사안입니다."
최근 카카오 블록체인 플랫폼 클레이튼에서 발생한 일을 두고 가상자산 사업

체를 운영하는 A 씨가 한 말이다. A 씨가 말한 사건은 클레이튼과 관계가 깊은 크래커랩스에서 최근 발생한 '믹서'를 통한 클레이튼 기축통화인 클레이(KLAY) 매도 사건이다. 믹서는 쉽게 말해 '돈 세탁기'다. 카카오 블록체인 계열사인 크러스트로부터 클레이를 투자받은 곳에서 돈세탁했다는 내용이어서 가상자산 시장에 충격을 줬다.

가상자산 업계 다른 관계자도 "이번 일은 위믹스 유통량 이슈보다 훨씬 더 심각한 일이다. **클레이튼도 위믹스처럼 상장폐지는 물론이고, 그 이상의 처벌이 있어야 한다고 본다**"며 목소리를 높였다.

크로스랩

웹사이트 : krosslab.io, contact@Krosslab.io
클레이파인더, Node API(이더리움, 바이낸스, 클레이튼 블록체인에 접근할 수 있는 API) 제공 등을 product로 소개하고 있음

설립 직후 클레이튼과 보라 2.0의 GC 2관왕이 되었다. 카카오 그룹에는 클레이튼 말고도 카카오게임즈가 만든 블록체인 보라가 있다. 카카오게임즈는 22년 2월 보라를 2.0으로 업그레이드하면서 '메타보라'로 사명까지 바꿨다. 보라2.0은 "게임뿐 아니라 카카오엔터테인먼트의 연예인 컨텐츠로 NFT를 파는 등 생태계를 확장한다"는 계획이었다. 그런데 발표 당일 보라 가격이 26% 하락했다! 로드맵을 발표했는데 왜? 신규 제휴사들에게 제공할 물량을 확보하기 위해 코인

발행량을 늘릴 수 있다는 내용 때문이었다. 크로스랩도 이때의 제휴사 중 하나이다.

2022. 2. 10.자 한국일보

"우리만 호구냐?" 코인투자자들, 위메이드·카카오에 뿔났다
카카오 보라2.0도…

카카오게임즈는 지난 8일 '보라2.0'이라는 비전을 발표했다. 보라는 **카카오게임즈와 카카오 계열사들이 P2E 시장에서 활용할 암호화폐** 코인 이름이다. 보라를 중심으로 카카오게임즈, 카카오엔터 등이 뭉쳐 본격적으로 P2E 시장과 메타버스를 공략한다는 내용이다.

가장 문제가 된 것은 앞으로 **보라 코인 발행이 계속해서 늘어날 수 있다는 것**이다. 코인 발행량이 늘어난다고 하니 코인 값이 떨어질 수밖에 없다. 이번 비전 발표에 대해 코인 투자자들이 불만인 점은 **사전에 카카오 측이 코인 투자자들에게 코인 발행량 증가에 대해 사전 동의를 구하지 않았다는** 점이다. 위메이드와 마찬가지로 **그저 "커뮤니티에 잘 쓰겠다"는 말뿐**이다.

주식과 달리 코인은 추가 발행 결정에서 투자자들은 완전히 소외되어 있다. 커뮤니티를 위한다면서 커뮤니티와 상의하지 않는다. 위메이드-위믹스 때 적용됐던 논리를 그대로 적용해 보자. 카카오 주주들을 설득해 유상증자한 돈으로 보라 코인을 매입해 소각할 자신이 있나? 보라 코인을 더 발행해서 그 덕을 카카오게임즈와 계열사 주주들이 누리는 것은 괜찮고, 정반대의 현금 흐름은 아예 생각조차 하지 않은 것 아닌가? 코인 투자자는 여기서도 호구일 뿐이다.

시장 반응을 보면 답이 나온다. **카카오게임즈는 보라2.0 비전 발표 당일 주식시장에서 전날보다 5.87% 상승**했다. 반면 보라 코인은 장중 고점에서 **26% 급락**했다. 보라2.0이 발표되는 바로 그 시간에 코인의 주인들은 폭탄을 맞았다.

클레이파인더는 블록체인상의 거래내역을 트래킹할 수 있는 사이트. 지갑 주소를 치면, 거기서 연결된 거래들을 모아서 볼 수 있다. 해당 기능을 지원하는 '클레이스코프'라는 프로그램이 이미 있는데, 그건 외부 발주로 1억 정도 주고 만든 것이고, 클레이파인더는 얼마 받았는지 모른다. 클레이스코프에서 클레이튼 측의 지갑들이 자꾸 라벨링되기 시작하니까 클레이스코프를 만들었다는 의심이 있다.[14]

크로스랩의 또 다른 프러덕트인 Node API **제공**은, 이걸 보면 클레이튼에서 **'개발', '지원', '투자'의 관계**가 어땠는지 알 수 있다. 크로스랩에서는 "Apps running on our node"에 Kaikas, VLOC, Fanto … 등 몇 가지를 써 놨다. 이 중에서 **카이카스**는 그라운드X가 '클레이 및 클레이튼 기반 토큰의 관리를 지원하는 지갑 서비스'로

---

14) '라벨링'은 주소의 소유자를 알 수 있게 태그를 다는 것이다. 누군가 특정 지갑의 소유자를 찾았다고 신고하면, 클레이스코프 쪽에서 맞는지 확인하고 라벨링을 해둔다. 카이카스는 클레이파인더를 기본설정으로 바꾸었는데, 클레이튼쪽 지갑들의 태그가 없어서 투자자들이 불편을 호소하고 있다.

만든 것이다. 2022년 7월 "그라운드X의 카이카스 운영권을 **Sfresso247**라는 곳에서 받아갔다"고 공지된다. 카이카스는 클레이튼의 공식 지갑이므로 Sfresso247이 뭐냐, 누가 하는 거냐? 사람들이 궁금해 했는데 알려진 바는 없다. 이와 별개로 **VLOC, Fanto**라는 사이트가 생겼고[15], 그 사이트들의 제작자는 알고 보면 Sfresso247이고, VLOC 사이트에는 크로스랩이 파트너라고 되어 있다. 한마디로, 크로스랩의 인원들이 전부 관여했음을 짐작해 볼 수 있다. 크로스랩은 'API 지원 사업'으로 크러스트에서 클레이를 받았는데, 크로스랩의 API를 이용하는 고객사들은 크로스랩 자신인 셈이다.

이렇게 복잡하게 만들면 뭐가 좋을까?

'누가 클레이를 받아갔지' 질문을 안 하고, '이런 것도 있다, 저런 것도 있다~'하게 만든다. 그렇게 해서 사람들이 그 프로젝트에 투자하도록 유인까지 해야 성공일까? 어차피 잘 돌아가지도 않는 서비스들이다. '클레이튼이 돌아가고 있다', '크러스트가 투자하고 있다'는 막연한 분위기만 유지하면, 자기들이 클레이 팔 시간만 벌면 족하다. 어차피 돈은 그 서비스를 이용하는 사람들이 아니라 거래소에서 클레이를 사는 사람들이 내는 거니까.

---

15) 뭘 한다는 건지는 백문이 불여일견 → vloc.io, fanto.io

<Sfress247, Vloc, Fanto는 누구?>

크로스랩과 파트너라고 알린
VLOC이라는 사이트가 있다.

그런데, VLOC 사이트의 xml 코드에
Sfresso247이 보인다.
=Sfresso247에서 만든 사이트라는 것.
{"image":https://static.sfresso247.io
/nft/souvenirs/22247020.png"}

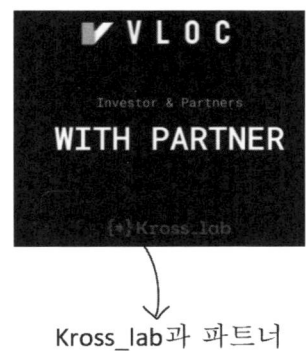

Kross_lab과 파트너

클릭하면 Fanto 이미지가 나온다.

Fanto를 크러스트 채널에서 광고해 준다.

 Klaytn Korea @Klaytn_KR · 4시
🔥크리에이터를 위한 소셜토큰 플랫폼 Fanto, 클레이튼에 출시!
Fanto는 크리에이터가 코드나 비용없이 토큰을 발행하고 토큰 기반 커뮤니티를 쉽게 구축할 수 있도록 돕고 있습니다!

👇 자세한 내용은? 👇

💜 **Fanto** @fanto_official · 6일

Fanto🖤 is officially live! 🎉
You are able to trade creator tokens. This will mark the 1st social tokens on Klaytn. Get tokens, and dive deeper into the communities of the creators....

2장. 그들만의 리그 57

<VLOC 참여자 소개>

Sam

Project Leader
#Strategy #Growth
#Tokeneconomy

Elon

Tech Leader
#WebRTC #kakatalk
#Blockchain

Gary

Software Engineer
#Backend #WebRTC
#Algorithm

* 이름은 원래도 실명은 아니었지만, 그래도 바꿨음

가상자산 프로젝트에 있어서 참여자는 대부분 익명이다. VLOC은 위와 같이 영어 닉네임을 공개했던 것마저 삭제했는데, 그 이유도 생각해 볼만하다. 참여자 중 한 명이 '연고전 축제 NFT 에어드랍' 이벤트를 기획했던 대학교 블록체인 동아리 멤버였다는 사실이 회자된 후 삭제되었기 때문이다. "크러스트, 아카라카 축제 지원한다"로 언론에 홍보되기도 했던 이 행사에 KIR 펀드는 1,500만 원가량을 지원했는데, 수혜자가 '블록체인 동아리'였기 때문에 "이제 동아리 용돈까지 이걸로 주냐!"는 투자자들의 불만이 있었다. 어쨌든 좋다고 지원한 행사인데, '경력'이 되기는커녕 오히려 흔적을 없앤다? 받는 '명분'만 드러내고, 받는 '사람'은 최대한 가리는 것, 마치 '주기'가 목적인 양 이루어지는 것이 클레이 투자의 특징이다.

쓰러스트

thrust.io 사이트 검색결과 없음

　공개적으로 크러스트 CIC라고 하기도 했고, 일부 공개한 팀원도 크러스트 직원이다. 주주이자 대표인 김융영은 크로스랩의 등기이사이기도 하다. 일단 기본으로 클레이튼 GC이다. 쓰러스트 프로젝트로 확인되는 것은 2가지 - '클레이튼 네이밍 서비스'로 475만 클레이, '클레이튼 게임즈 플랫폼'으로 509만 클레이를 받았다. 바로 바이낸스로 송금했으며, 송금 당시 시세로 109억 원이다. '네이밍'은 길고 복잡한 지갑 주소를 간단한 도메인 형태로 바꿔주는 것으로, 모금용 지갑에서 '이쪽으로 보내세요~'할 때 쓰인다[16]. '클레이튼 게임즈'는 게임이 아니고, 블록체인 게임들을 홍보하는 런치패드이다.

　"크러스트가 생태계 확장을 위해 대규모 투자를 한다.", "크러스트의 CIC 조직들이 적극적으로 블록체인 서비스를 개발하고 있다." 별생각 없이 따로 보면, '그런가 부다', '좋은 일 있나 부다' 할 수 있는데, 그냥 자기들끼리 클레이를 가진다는 거 아닌가?

---

16) 거래용 지갑은 당연히 절대 밝히지 않고, 강제로 라벨링 되는 경우가 있을 뿐이다.

 질문 시간

Q : 두 프로젝트의 투자규모는 어떻게 아는 건가? 크러스트나 쓰러스트 쪽에서 공개하는 건 아니지 않나.

A : 그렇다. 그런데 거래내역은 알리지 않아도 '서비스 홍보'는 한다. '트위터에 올리는 소식'과 '클레이 리저브 펀드'에서 나간 클레이 송금 내역을 비교하다 보니까 시점이 맞는 부분이 있어서 추정할 수 있었다. 예를 들면, ① 22. 2. 17. '네이밍 서비스' 공지가 트위터에 올라온 직후 '클레이 리저브 펀드'에서 475만 클레이가 빠지더니 바로 바이낸스로 송금 = 판 거다. ② 22. 5. 21. 크러스트가 '클레이튼 게임즈'에 투자했다는 트위터 공지가 있은 직후 '클레이 리저브 펀드'에서 509만 클레이가 빠져서 다시 바이낸스로 송금. 그걸 보고, 얼마 받았는지 아는 것이다.

Q : 여러 프로젝트를 하더라도 같은 사람이라는 표시는 안 내는 것이 보통이라고 알고 있다. 두 프로젝트가 쓰러스트인 것은 어떻게 아는지? '클레이 리저브 펀드'에서 '475만, 509만 클레이를 받은 지갑'이 같았기 때문에, 둘 다 쓰러스트에서 했다고 안 건가?

A : 쓰러스트가 클레이튼 GC로 취임할 때 스스로 "클레이튼 게임즈 하는 회사"로 소개한 적 있다. 그리고 클레이를 받을 때는 다른 지갑을 쓰지만, A지갑, B지갑 모두 '같은 바이낸스 지갑'으로 송금한 걸 통해, A와 B의 소유주가 같다는 걸 알 수 있다.

지갑을 여러 개 만들었다면, 다른 날짜에 보냈다면 못찾는다는 건데…

이런 얘기 해주면 안되는 거 아니예요?

이미 다 그렇게 하고 있을텐데요. 강제수사로 지갑 전체를 보는 게 아니면, 어차피 뭐.

KGF(클레이튼성장펀드)

　3개의 펀드 중에 대외적으로 가장 알려진 펀드이다. KGF는 일반 투자자를 대상으로 하는 프로젝트 중에 골라서 투자하는 식이었기 때문이다.[17] 초당 추가 발행되는 9.6 클레이의 54%(2022년 11월부터는 40%)가 KGF에 쌓인다. 추가 발행은 블록체인을 운영하면서 생긴 것이니까 재단이 소유자라 할 수 있는데, 카카오가 "크러스트, KGF 펀드로 스타트업 투자한다." 이런 식으로 커뮤니케이션 한 걸 보면, 크러스트에 처분을 위탁한 관계일 수 있다.

　클레이를 누군가에게 주면, 결국 '돈'은 그 클레이를 사는 사람의 주머니에서 나오는 것이고, 유통량이 늘어나면 가격에도 영향을 준다. 게다가 KGF에서 투자했다는 말이 있으면 사람들이 쫓아서 투자한다. 그러니 투자금에 상응하는 가치가 있는지 검토를 하고 모니터링도 하는 것이 당연하지 않았을까? 그러나 KGF는 깜깜이 투자, 부실 속출, 관리 부재였을 뿐 아니라, 러그풀이 발생해도 대응을 하지 않았다.

---

17) '클레이 리저브'는 선발행 물량 처분이라서 카카오에서 내세우지 않았고, 일반투자자들이 같이 참여하는 것이 아니다. KIR는 신청사이트와 투표결과를 공개하고 재단이 '지원금'을 쏘는 성격이다(GC들이 다 그 사람들인 '탈중앙화'의 모습을 보여주었다).

KGF는 투자 내역을 구체적으로 밝히지 않았지만, 대충 건당 몇십억은 기본인 듯하다. 많은 블록체인 프로그램은 이미 오픈소스로 공개되어 있어서 새로 개발할 필요도 없다. 'KREW'라는 프로젝트도 그렇게 공개된 디파이 코드를 복사해서 껍데기만 만들어 놓고, 한방에 400만 달러를 받았다. 이런 프로젝트를 누가 하는 건지는 모른다. 투자자들이 고소까지 갔던 크로노스 DAO라는 디파이 프로젝트도 있었다. KGF에서 50억 투자했다는 말을 듣고 사람들이 몰렸는데, 반년 만에 투자자 예치금(맡긴 코인) 200억 상당을 해 먹고 프로젝트를 청산시켜버렸다. 클레이튼은 "우리는 책임이 없다"는 입장만 내고, 수사를 돕지 않았다.

<크러스트측의 커뮤니케이션>

'22. 5. 15

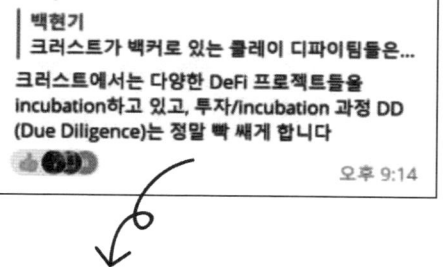

*존조 - 클레이튼 재단 마케팅 팀장

크러스트에서는 투자/incubation DD(Due Diligence)는 정말 빡 쎄게

2장. 그들만의 리그

 그런데 말입니다

또 뭐가 있어요?

KFG 운영담당자 변경록은 문책을 받기는커녕, 인코딩랩스라는 회사의 대표가 되었고, 그 회사는 클레이튼의 인큐베이션 파트너가 된다.

KGF의 그 많은 실패들은 무지로 인한 것이었을까요?

저한테 물어보시는 거예요?

네.

그야 뭐
아닐 꺼 같은데요.

⫸ 이런 관계도 있다

하이퍼리즘

23년 7월 검찰이 '위메이드에 대한 사기 배임' 수사를 하면서, 하이퍼리즘이라는 업체를 압수수색했다. 검찰은 위메이드측의 '위믹스 처분 내역'을 보고 있었는데, 많은 물량이 이동된 곳이 있었고 거기가 하이퍼리즘이었기 때문이다. 하이퍼리즘은 기관투자자와 큰손들을 고객으로 하는 가상자산 투자신탁회사이면서, 직접 투자운용도 하고, 보라 2.0의 GC이기도 하다.

하이퍼리즘은 카카오의 자금을 받아 카카오와 조인트 벤처로 설립한 회사이다. 이 발언이 담긴 오상록 대표의 영상은 유튜브에서 삭제되었지만, 구인 사이트의 회사 소개, 언론보도 등 여러 군데에 같은 내용이 나온다.

2021. 9. 10.자 조선일보

가상화폐의 골드만삭스를 꿈꾸다
오상록 하이퍼리즘 대표

"우리는 '가즈아!'(가상화폐 상승을 기원하는 말)를 외치는 회사가 아닙니다. 2018년 창업 이후 연평균 40% 수익률을 달성했지만 하락장에서도 고객의 돈을 잃지 않는 투자로 안정적인 운용 성과를 이어가는 것이 최우선 목표입니다."

3년 만에 다시 찾아온 가상화폐 투자 열풍에 개미들만 올라탄 건 아니다. **국내외 기업 80여 곳을 고객으로 두고 수천억 원 상당의 가상화폐를 위탁 운용하고 있는 스타트업도 있다.** 한국 IT의 메카인 판교의 기업 경영자 사이에서 "이 회사 모르면 간첩"이라는 말이 나온다는 하이퍼리즘 얘기다. 올해로 설립 4년 차 가상화폐 투자신탁 회사인 하이퍼리즘은 최근 해시드(블록체인 투자사)·위메이드(게임사)·GS그룹과 미국 1위 가상화폐 거래소 코인베이스 등에서 130억 원 투자를 유치하며 이름이 널리 알려졌다. 지난 7일 서울 관악구 사무실서 만난 오상록(31) 대표는 "이미 미국 최대 거래소 코인베이스의 전체 거래 약 70%가 기관 투자자 거래일 정도로 기업의 가상화폐 투자가 활발하다"며 "국내 가상화폐 시장도 이 같은 흐름이 나타나고 있다"고 말했다.

◇ **판교 기업들이 가상화폐 맡기려 줄 서는 스타트업**

가상화폐 시장은 24시간 쉬지 않고, 상·하한가도 없다. '안정적 운용' 자체가 쉽지 않다. 오 대표는 "우리가 설계한 알고리즘 봇(자동 프로그램)이 전 세계 수십 개에 달하는 가상화폐 시장 간 시세 차이를 이용해 쉼 없이 거래하면서 리스크를 줄이며 안정적인 수익을 낸다"고 말했다. **거래소마다 가상화폐 가격이 제각각인 점을 이용해 로봇이 쉼 없이 가상화폐를 거래하며 차익을 낸다**는 것이다. 5월 한 달간 비트코인 가격이 36% 폭락했을 때도 하이퍼리즘의 알고리즘 봇은 손실을 내지 않았다고 한다. 이런 알고리즘을 만드는 것은 수학·물리·정보 올림피아드 메달리스트 출신들이 중심이 된 개발진이다. 서울대 경영대를 나와 사모펀드 운용사 도미누스인베스트먼트에 재직하던

오 대표는 2017년 말 국내 가상화폐 붐을 보고 창업을 결심했다. 그는 "개인 뿐 아니라 기업이 대규모로 가상화폐에 투자하는 시대를 내다봤다"고 했다. 그가 처음 선택한 곳은 일본이었다. 명확한 가상화폐 규제가 없던 한국과 달리 2017년 가상화폐 규제를 도입한 일본에서는 "할 수 있는 것과 할 수 없는 것이 명확해 불확실성이 적었다"고 그는 말했다. 오 대표는 일본 출장을 왔던 **카카오 김범수 의장을 만나 사업을 설명했고, 김 의장이 흔쾌히 투자 약속을 하면서 이듬해 1월 본격적으로 사업을 시작**할 수 있었다.

◇ "가상화폐 업계 골드만삭스 될 것"

사업 초기엔 가상화폐 거래소와 채굴자가 주고객이었지만 가상화폐 가격이 폭락하면서 하이퍼리즘도 어려움을 겪었다. 하지만 2019년부터 기업 투자자들이 본격적으로 시장에 진입하기 시작했다. 오 대표는 "**카카오와 라인이 자체 가상화폐를 발행하고 넥슨이 코빗·비트스탬프 등 가상화폐 거래소를 인수한 것이 변화의 기폭제였다**"고 했다. 국내 IT 대기업들이 공식적으로 가상화폐를 발행하고 거래소를 사들이면서 기업 사이에서 가상화폐에 대한 관심이 확산됐다는 것이다. 카카오의 투자 자회사 카카오인베스트먼트와 네이버의 손자회사 스프링캠프, VIP자산운용 등에서 후속 투자도 유치했다. 이후 판교 IT 기업들과 게임사들이 하이퍼리즘 고객이 됐고, 점점 소문이 나면서 IT 업종이 아닌 대기업들도 하이퍼리즘에 가상화폐를 위탁하기 시작했다. 오 대표는 "이 때부터 가상화폐를 사기·도박이라고 생각하던 기업 오너와 경영진의 생각이 바뀌기 시작했다"고 했다. 그는 "가상화폐 시장은 정보 부족, 비싼 수수료, 수십 가지 각국 통화로 사야 하는 등 비효율이 커 개인에게 불리한 시장"이라며 "가상화폐 업계의 미래에셋·골드만삭스가 되는 것이 목표"라고 말했다.

  다음은 인터넷에 돌고 있는 그림에 대한 질문이다.

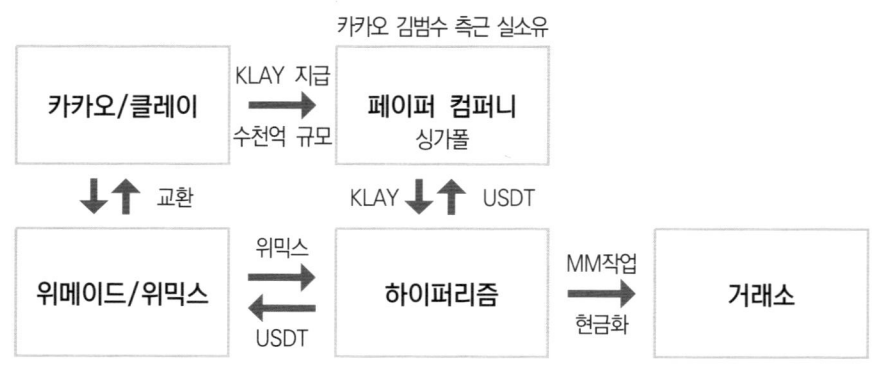

Q : 위메이드가 위믹스를 하이퍼리즘으로 송금한 것은 공개되었는데, USDT를 받은 건 어떻게 아는 건가? 같은 지갑에서 맞교환된 건가?

A : 같은 지갑으로 표시 나게 하지는 않는다. 하이퍼리즘 것으로 보이는 지갑들을 미리 찾아 두고 있었기 때문에 USDT가 나간 걸 확인할 수 있었다.

Q : 클레이 거래 이력도 다 온체인에서 확인된 건가?

A : 물론이다. 클레이, 위믹스, 보라, 이 3가지 코인이 대량으로 송금되는 지갑이 있는 건 예전부터 보고 있었는데, 처음에는 그게 뭔지 몰랐다. 나중에 하이퍼리즘이라는 업체가 받아서 매도를 처리해 준다는

얘기를 듣고 알게 됐다. 장외거래로 물량을 직접 받은 다음, 빗썸이나 바이낸스로 보내더라.

Q : 투자로 주는 거면 반대급부로 USDT[18]를 받을 리가 없으니, 판매 목적의 처분으로 보면 되는 건가? 위믹스는 위메이드가 판매하는데, 클레이는 페이퍼 컴퍼니(크래커랩스랑 크로스랩 같은 회사)에서 받아서 판매하는 차이가 있다.

A : 그렇다. 위메이드는 직접 '팔아먹기'라서 사람들이 '먹튀'라고 쉽게 인지하는데, 카카오는 '퍼 주기'여서 결국 본질은 같다는 것을 잘 모르는 것 같다.

클레이와 위믹스

위믹스는 원래는 클레이튼의 토큰형 코인이었다가 2022년 10월 따로 블록체인을 만들면서 독립한 관계이다. 클레이와 위믹스는 서로 주고받기도 하고, 거래면에서 닮은 점이 많다.

✔ 클레이튼의 GC가 위메이드였고, 위메이드가 자체 블록체인

---

18) 발행한 만큼 자산을 예치함으로써 가격이 달러와 1:1로 연동되도록 한 스테이블코인. 비트바이넥스라는 거래소에서 발행하는(법인은 다르지만) 코인으로, 코인을 거래하거나 돈으로 환전할 때 쓰인다.

위믹스 3.0을 만들자 카카오게임즈가 GC가 됐다.

- ✓ 위믹스 상장폐지의 직접 원인이 됐던 유동화 건도[19] 코코아 파이낸스(클레이튼의 디파이 서비스)를 이용해서 위믹스를 클레이로 바꿔 나간 것이었다.

- ✓ 22. 4. 6. 위믹스 1,500만 개를 200억 상당의 클레이로 스왑하여 빗썸과 바이낸스로 송금했다. 위믹스를 클레이로 바꿔서 거래소에 파는 것이다. 위메이드는 그나마 가상자산의 취득, 현금화를 재무제표에 기재하는데, 카카오는 회계처리를 전혀 하고 있지 않아서 받은 위믹스를 언제 어떻게 팔았는지 내용을 찾아볼 수 없다.

- ✓ '이스크라'라는 게임 회사에 클레이, 보라, 위믹스가 각 80억 원 내외의 금액을 사이좋게 투자했다. 블록체인 게임은 '게임'을 시켜주고 돈을 버는 게 아니라, 메타버스 한다고 NFT 발행하고, 생태계 확장한다고 디파이하는 가상자산 사업이다. "~~할 계획

---

19) 2022년 1월 위믹스가 그간 위믹스를 팔았던 현금 2천억 원을 사업보고서에 공시하자 투자자들이 "코인을 팔아서 회사만 돈을 번다"고 성토. 이에 장현국 대표는 "유동화 중단한다, 꼭 필요할 때 공시하고 하겠다"고 선언했는데, 10월에 실제 유통량이 공시된 수량보다 훨씬 많다는 것이 알려짐. 업비트, 빗썸, 코인원에서는 거래소에 사전 제출된 '유통량 계획'이 위반됐다며 상장폐지. 위메이드는 "회사가 직접 거래소 장내매도 방식으로 판 것만 유동화"라고 주장 중이다.

이다, 투자유치했다"는 기사만 있고, 뒤에 어떻게 됐는지 소식은 없다. 그렇게 또 클레이 보라 위믹스는 현금화되었다.

✔ 대표가 사재를 털어서(?) 코인을 사는 코스프레도 닮은 부분이다. 위메이드의 장현국 대표는 22년 4월부터 '월급 전액 위믹스 베팅'을 지금까지 하고 있다. 이만큼 유명하지는 않지만, 강준열 전 크러스트 대표도 23년 4월 1,500만 원어치를 산 것을 비롯하여 과거 1년간 총 1억 5,000만 원어치를 샀다는 소식을 알리며 민심달래기에 나선 바 있다.

그런데 위믹스는 거래소에 제출한 유통량 계획을 초과했다고 상장폐지가 됐는데, 클레이는 규모도 더 크고 심지어 믹서 사건 같은 것이 밝혀졌는데도 공론화 조차 제대로 안되고 있다. 두 코인 간에 어떤 차이 때문일까?

① 하이퍼리즘 설명에서 봤듯이, 클레이는 해먹은 구조가 다르다. 위메이드가 위믹스를 판다~는 단순한 사실에 대해서는 사람들이 먹튀라고 민감하다. 그래서 위믹스가 유통량 계획을 초과한 것이 드러났을 때 거래소들도 그냥 덮고 넘어가기 어려웠다. 그러나 클레이는 카카오(크러스트)가 코인을 '판다'가 아니라, '투자한다'는 구조와 이미지를 만들고, 받은 사람들이 팔게 한다. 개인들의 문제로 분산시키는 것이다. 그 개인들은

실존인물인데, 탈중앙화라는 관념에 숨어있다. 누군지 따져서도 안 되고, 카카오에게 책임을 물어도 안 될 것 같은 느낌이랄까? 조금만 생각해보면 어려운 문제가 아닌데도, '대중'은 이다지도 쉽게 조정된다. 어떤 의미로는, 그나마 회사로 돈을 가지고 들어온 위믹스가 낫지 않나?

② 위메이드는 투자자들을 대상으로 직접 쇼잉을 많이 했다. 위믹스를 팔아서 다른 코인이나 현금이 들어오면 회계처리도 했다. 이러한 부분 때문에 위믹스 판매가 더 부각된 면도 있다. 물론 내용이 실제와 달라서 허위공시라는 욕도 듣지만, 회사는 "기준도 없고 의무도 아닌데, 노력한 게 죄인가?"라고 항변할 수 있다. "유동화 없다"고 말해서 사기로 수사 받는 것 역시, 적극적으로 소통하는 과정에서 오해를 받았다고 주장할 것이다. 카카오에서는 클레이의 '판매'에 대해서 말한 적이 없다. 그러나 이것은 위메이드가 억울해 할 부분은 아니다. 위메이드는 그런 공시와 말을 통해서 어필했기 때문에, 그만큼 코인 가격을 올려서 팔아먹을 수 있었던 것이다.

③ 한마디로 위메이드와 카카오의 영향력 차이이다. 카카오는 카카오다. 그래서 처음부터 플랫폼 코인을 만들 수 있었고, 플랫폼 코인이니까 투자 명목으로 코인을 나눌 수 있고, 사람들이 알아서 사주니까 '클레이튼의 미래' 같은 추상적 얘기만 하면

돼서 꼬투리 잡힐 말 많이 안 해도 되고, 클레이튼을 이용하는 토큰 코인 사업자 등 생태계가 형성돼서 이해관계를 같이 하는 세력이 많아지고…공론화의 장애물이 높아진 것이다. 하지만 이 모든 것은 사업자 입장이고, 우리사회가 클레이에 더 너그러워야 할 이유는 없을 것이다.

테라·루나

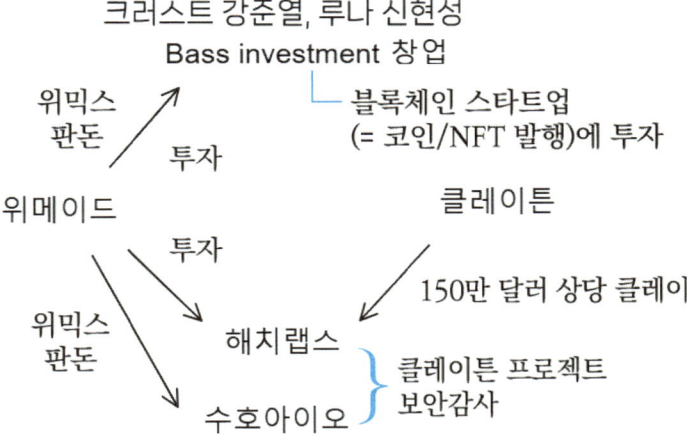

★ 클레이 결산

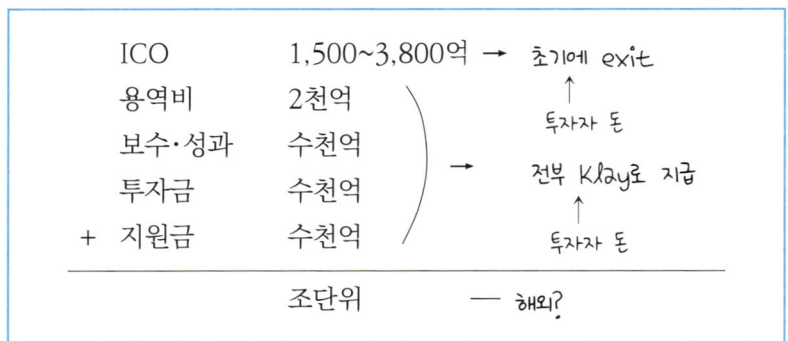

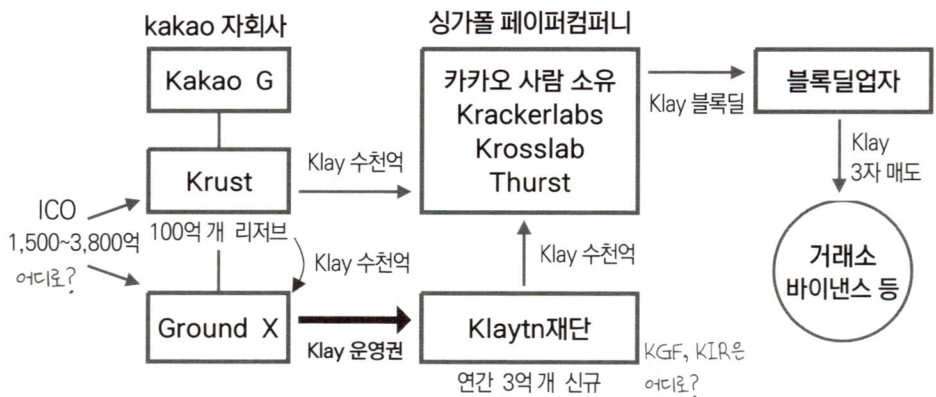

(2018년) 자회사에서 100억 개 리저브 발행 → (2021년까지) 그라운드X를 앞세워서 20억 개 처분 → (2022년) 크러스트가 직접 나서서 리저브 10억 개 추가 처분 + 신규 물량은 신설 독립법인

Klaytn재단에서 처분 → **(2023년)** 리저브 50억 개 소각하고 운영권(소유권은 아님) 재단으로 넘기겠다 발표+재단 운영도 탈중화하겠다 발표.

사업자들의 '입'은 여전히 클레이튼에 대한 애정과 미래를 말하고 있지만, 그들의 '발'은 이미 다르게 움직였다.

3장

지금부터 질문을 시작하겠습니다

**질문을 잘 '하라'는 책이 많은 건,
남이 '해줬으면' 하는 마음들이 많기 때문이다.**

질문은 몰라서 묻는 것만 의미하지 않는다. 비판적 사고를 하고, 그 의사를 표현하는 것이다. 그 끝에는 비판의 대상이 되는 상대방의 기득권이 있게 마련이다. 그래서 정말로 질문을 '잘' 했을 때, 욕을 먹고 무시를 당하는 것은 오히려 당연하다.
정부가 정책에 대해서 공론화의 장을 만들고 질문이 오갈 수 있게 하면 쉽게 해결될 것 같지만, 정부 또한 자기에 대한 비판이 나올 가능성 때문에 주저할 수밖에 없다. 그래서 질문은 수단과 방법을 찾아서 해야 한다.

Q1 법적으로는 어떤 문제가 있을까?

<돈 관계>

내가 주는 경우
- 기부, 지불(충전금 포함), 투자
- 도박(예외적 허용/엄격 규제)
- 도박(원칙 금지)
- 사기(속아서 줌)

남이 가져가는 경우
- 주워 가기(점유이탈물횡령)
- 훔쳐 가기(절도)
- 뺏어 가기(공갈, 강도)
- 업무상 해먹기(횡령, 배임)

← 불법과 합법의 경계

다음은 클레이 투자자들이 지적하는 쟁점이다.
- 카카오 코인으로 실컷 팔고, 갑자기 카카오 아니라고 하는 것
- 싱가포르 로 미유통 물량 퍼준 것
- KGF 부실운영한 것
- 개발한다~ 투자한다~ 홍보하고, 나 몰라라 하는 것
- 자기들만 계속 판 것

투자자들은 왜 돈을 줬나? 기부 의도는 아닐 텐데, 그럼 어떤 관계에 속할까? 그리고 사업자들의 행위 중에 범죄가 될 부분이 있을까? 각 법률의 취지와 구성요건을 이해하고, 합리적 해석이 무엇일지 생각해 보자. 법률은 학문을 위한 이론이 아니다. 문제 상황을 해결하고 개선하기 위해 방법을 찾는 것이다.

사기 횡령 배임

형법 제347조(사기) ① 사람을 기망하여 재물의 교부를 받거나 재산상의 이익을 취득한 자는 10년 이하의 징역 또는 2천만 원 이하의 벌금에 처한다.

제355조(횡령, 배임) ① 타인의 재물을 보관하는 자가 그 재물을 횡령하거나 그 반환을 거부한 때에는 5년 이하의 징역 또는 1천 500만 원 이하의 벌금에 처한다. 〈개정 1995. 12. 29.〉
② 타인의 사무를 처리하는 자가 그 임무에 위배하는 행위로써 재산상의 이익을 취득하거나 제삼자로 하여금 이를 취득하게 하여 본인에게 손해를 가한 때에도 전항의 형과 같다.

* 형법 조문이라서 법정형이 낮은 것이고, 피해금액 50억 이상이면 특정경제범죄가중처벌법에 의해 최고 무기징역까지도 가능하다.

사기 '사기적'이라고 말하는 것과 '사기죄'는 차이가 있다. 사기죄는 '기망으로 타인의 재물을 넘겨받는 것'이다. 미수도 처벌하기 때문에 개념적으로는 기망만 해도 처벌되지만, 현실에서는 테라·루나처럼 망한 게 드러나거나 최소한 위믹스처럼 상장폐지가 되어야 검토되기 시작한다. 그전까지는 투자자들이 "나는 믿는다"고 같은 편을 들기 때문이다. 사업 계획을 말해놓고 시늉만 하면서 시간을 끌고 있는 경우에는 "처음부터 사기 의도가 있었다"고 볼 수 있는데, 클레이튼은 플랫폼 코인이라서 블록체인 운영하는 것으로 "나는 다했다"고 할 것이다. 투자금을 받아간 사람들을 각각 봤을 때, 프로젝트별로 사기죄가 될 수는 있다. 이때에도 크러스트나 재단이 속았다고 고발할 리는 없으니까 그 프로젝트에 투자한 일반투자자들이 고소해야 한다.

배임 일반투자자가 없는 크러스트와 재단의 퍼주기에 대해서는 배임이 문제될 수 있다. 아무리 몇 명밖에 없는 회사이고 자기가 실세라고 해도, 크러스트나 재단은 그 일 처리를 한 사람과는 독립된 법인이다. 따라서 법인에 귀속된 클레이를 자기 또는 제3자를 위해 함부로 처분했다면 법인의 이익을 해친 것이 된다.[20] 이런 판단은 '투자기준이 있었는지', '피투자자와 어떤 관계인지', '사후관리를 했는지' 등을 종합해서 하게 된다. "나는 개발하라고 줬는데, 그쪽에서 안 한 거다"라는 주장은 같은 사람에게 같은 방법으로 계속 뒤통수를 맞았다면 신빙성이 떨어질 것이다.

---

20) 횡령은 회사 몰래 빼간 경우이고, 회사로부터 받은 처분권을 부정하게 행사했다면 배임이다. 싱가포르 법인이라도, 행위자가 내국인이면 우리나라 형법이 적용될 수 있다(형법 제3조, 제4조).

자본시장법

도박과 투자 2017년 비트코인 가격이 폭등하면서 문제가 되었을 때, 박상기 법무부 장관이 도박이라서 금지하겠다고 한 말을 기억할 것이다.[21] 그때 금지했으면 좋았겠다고 생각하는 사람들은 자본시장법 얘기를 들으면 '이게 도박이지 어떻게 정상적 투자인가'라고 생뚱맞게 느끼는 것 같다. 그런데 도박과 투자는 공통점이 있어서, 특정 현상을 무엇으로 볼지 정책적 선택이 가능하다. 실제로 중국은 가상자산을 도박으로 금지하고, 미국은 투자니까 증권법을 지키라며 (하라는 게 아니라) 문제성 프로젝트를 퇴출시킨다.

'도박'은 '우연성에 기해 재물의 득실을 정하는 것'이고, '투자성'은 '투자한 금전보다 회수할 금전이 적을 위험이 있는 것' - 돈을 쓰는 사람 입장만 보면 차이가 없다.[22] '그 돈을 사업에 써서 부가가치를 창출할 가능성이 있다'는 차이 때문에 도박은 금지되지만 투자는 허용된다. 대신 '투자 관계'에서는 그 돈을 딴 게 아니라 약속한 사업을 해야 할 의무가 생기기 때문에, 거기에 맞는 법이 필요하다. 투자 중에서도 특히 '그 투자의 권리를 거래할 수 있도록 만든 경우'를

---

21) 특별법으로 가상자산거래소를 금지하고 개인 간 온체인 거래만 허용한다는 내용이었다.
22) 도박 : 대법원 2008. 10. 23. 선고, 2006도736, 판결.
   투자 : 자본시장법 제3조

'금융투자상품'이라고 하면서 따로 규율하는 것이 자본시장법이다. 자본시장법 제10조에서는 금융투자상품에 대해 도박죄 규정을 면제하는데, 투자 관계의 위험을 낮추기 위한 규칙들이 있기 때문이다.

사기적 부정거래 클레이를 비롯한 가상자산에 증권법을 적용하면, 발행과 그 이후의 거래에 관한 포괄적 부정행위를 처벌할 수 있다. 사기나 배임은 돈을 잃은 '피해자' 측면에서 죄를 구성해나가는 것이다. 그런데 '금융투자상품'은 2차시장에서 거래되는 점이 특징이고, 그래서 소문 하나만 가지고, 자기들끼리의 주고받기만으로, 직접 접점 없이도 불특정다수로부터 쉽게 이익을 취한다. 그래서 자본시장법에서는 (누구에게 무슨 거짓말을 해서 얼마 손해를 입혔는지 따지지 않고) 부정행위를 한 것 자체를 처벌한다(법 제178조). 예를 들면, 크래커랩스는 "거래내역이 온체인에 그대로 기록된다"는 블록체인의 기본 작동을 인위적 프로그램을 만들어서 훼손하고 그 틈에 처분을 했다. 자본시장법을 적용하면 긴 말 필요 없이 '거래와 관련하여 부정한 기교를 사용하는 행위'에 바로 걸린다. 피해자는 여기에 "내가 이때 거래했다"는 것만 증명하면 손해배상 청구를 쉽게 할 수 있다(법 제179조).

자본시장법 제178조(부정거래행위 등의 금지) ① 누구든지 금융투자상품의 매매(증권의 경우 모집·사모·매출을 포함한다. 이하 이 조 및 제179조에서 같다), 그 밖의 거래와 관련하여 다음 각 호의 어느 하나에 해당하는 행위를 하여서는 아니 된다.
1. 부정한 수단, 계획 또는 기교를 사용하는 행위
2. 중요사항에 관하여 거짓의 기재 또는 표시를 하거나 타인에게 오해를 유발시키지 아니하기 위하여 필요한 중요사항의 기재 또는 표시가 누락된 문서, 그 밖의 기재 또는 표시를 사용하여 금전, 그 밖의 재산상의 이익을 얻고자 하는 행위
3. 금융투자상품의 매매, 그 밖의 거래를 유인할 목적으로 거짓의 시세를 이용하는 행위

② 누구든지 금융투자상품의 매매, 그 밖의 거래를 할 목적이나 그 시세의 변동을 도모할 목적으로 풍문의 유포, 위계(僞計)의 사용, 폭행 또는 협박을 하여서는 아니 된다.

제179조(부정거래행위 등의 배상책임) ① 제178조를 위반한 자는 그 위반행위로 인하여 금융투자상품의 매매, 그 밖의 거래를 한 자가 그 매매, 그 밖의 거래와 관련하여 입은 손해를 배상할 책임을 진다.
② 제1항에 따른 손해배상청구권은 청구권자가 제178조를 위반한 행위가 있었던 사실을 안 때부터 2년간 또는 그 행위가 있었던 때부터 5년간 이를 행사하지 아니한 경우에는 시효로 인하여 소멸한다.[23]

증권성 판단 자본시장법의 적용대상은 **'금융투자상품'**이다. 금융투

---

23) 민법상 손해배상청구권은 안 때부터 3년, 있었던 때부터 10년이다.

자상품은 투자성 있는 권리의 취득이고, 투입한 원금 보다 손해가 커질 수 있는 경우를 '**파생상품**', 투입한 원금을 손해의 한도로 하는 경우를 '**증권**'이라고 구별한다. 가상자산은 후자에 해당하므로 '**증권성 판단**'이라고 부르는 것이다. 증권에는 여러 종류가 있는데, 우리에게 익숙한 지분증권(주식), 채무증권(채권) 외에 투자관계에 포괄적으로 적용되는 '**투자계약증권**'이라는 개념이 있다. 다른 증권에 해당되지 않을 때 검토되는 보충적 규정이라서, 새로운 유형의 투자관계가 나왔을 때 받아들일 수 있는 근거인 동시에, 투자를 빙자한 문제가 생겼을 때 걸러낼 수 있는 장치이다.

제3조(금융투자상품) ① 이 법에서 "금융투자상품"이란 이익을 얻거나 손실을 회피할 목적으로 현재 또는 장래의 특정(特定) 시점에 금전, 그 밖의 재산적 가치가 있는 것(이하 "금전등"이라 한다)을 지급하기로 약정함으로써 취득하는 권리로서, 그 권리를 취득하기 위하여 지급하였거나 지급하여야 할 금전등의 총액이 그 권리로부터 회수하였거나 회수할 수 있는 금전등의 총액을 초과하게 될 위험(이하 <u>투자성</u>이라 한다)이 있는 것을 말한다. 다만, 다음 각 호의 어느 하나에 해당하는 것을 제외한다.

제4조(증권) ⑥ 이 법에서 "투자계약증권"이란 <u>특정 투자자가 그 투자자와 타인(다른 투자자를 포함한다. 이하 이 항에서 같다) 간의 공동사업에 금전등을 투자하고 주로 타인이 수행한 공동사업의 결과에 따른 손익을 귀속받는 계약상의 권리가 표시된 것</u>을 말한다.

- ✔ **타인(다른 투자자를 포함) 간의 공동사업에 금전 등을 투자**
  일대일 투자가 아니라 다수가 공동으로 어떤 하나의 사업에 투자하는 것이다.

- ✔ **주로 타인이 수행한 공동사업의 결과에 따른 손익을 귀속받는 계약**
  동업이 아니라 돈의 투자라는 본질을 설명한 부분이다. 사업에 대한 투자자의 기여는 금전의 투자로 족하다.

- ✔ **계약상의 권리가 표시**
  그 투자로 인한 계약상의 권리가 표시되어 있어서, 소지자가 권리를 행사할 수 있다. 이렇게 거래가 가능하다는 점 때문에 그렇지 않은 투자관계에 비해, '사업 자체' 말고도 '증권 거래에 관한 부정행위'라는 위험이 생긴다. 그래서 자본시장법에서는 ① 사전 발행 절차, ② 공개시장운영자인 한국거래소 및 중개업자인 증권회사의 자격과 책임, ③ 불공정거래 처벌에 관해 정하고 있다.

한마디로 투자계약증권은 '다수가 공동으로 어떤 사업에 금전을 투자하는 관계에서 그 투자의 권리가 표시된 것'이다. 대부분의 가상자산은 (비트코인처럼 발행주체 없이 채굴로 생산되는 경우를 빼면) 사업자가 먼저 만들어 두고, 쓸모를 만들어서 가격을 올린다는 점을 표방한다. 또는 테라처럼 알고리즘으로 가격을 유지하는 대신 맡겨

두면 연 20% 상당 이율로 더 준다고 한다. 가상자산이 어쨌든 투자 가치를 가지면서 거래소가 명분을 유지하는 이유는, 가상자산이 사용되는 생태계, 거래를 기록하는 블록체인 네트워크, 차익을 실현할 수 있는 거래소 상장 등의 사업이 있기 때문이다. 투자자들은 그 사업의 결과에 따른 가상자산의 가치상승(또는 더 받기)에 투자하는 것이며, 가상자산 자체가 이를 처분하여 손익을 실현할 권리를 담고 있다. 이런 이유로 미국 증권거래위원회(SEC)에서는 대부분의 가상자산을 증권이라고 판단하고 있는 것이다.

아니라는 주장 1 제일 많이 하는 말은 "가상자산 보유자가 발행인에게 **구체적 청구권**을 가지지 않는다"는 것이다. 가상자산 소지자는 발행사업자에게 구체적으로 언제 얼마 달라고 할 권리가 없고, 알아서 거래소에서 팔아야 한다. 하지만 이 점은 사실 주식도 마찬가지 아닌가? 만약 발행사업자가 팔면서 말한 OO사업 계획을 이행하지 않는다면, 당연히 사기로 따질 수 있다. 양측 간 최소한의 계약관계가 성립하기 때문이다. "수익은 가상자산을 팔아서 전매차익으로 챙긴다"는 것이 계약내용이다. 투자계약증권에는 따로 뭘 달라고 할 수 있어야 한다는 내용이 없을 뿐 아니라, 금융투자상품의 정의에서도 금전의 **'청구'가 아니라 '회수'**라는 표현을 쓰고 있다. 없는 요건을 붙이는 것은 다양한 투자관계에 대응하기 위해 개념을 포괄적으로 규정한 취지에 반하는 게 아닐까?

아니라는 주장 2 또 다른 주장은 "**유틸리티 코인**이라서 지불 수단이지, 투자관계가 아니다"라는 것이다. 유틸리티 코인은 가상자산사업자들이 만든 용어로, 어떤 생태계에서 서비스를 이용하는 지불수단으로 쓰인다는 의미이다. 온라인에서 유상으로 충전하거나 무료로 받아서 쓰는 포인트는 그 가치에 상응하는 이용권을 미리 확보하는 채권채무 관계일 뿐, 투자관계가 아니다. 중요한 것은 지불관계인지, 투자관계인지는 외형이 아닌 **실질에 따라 판단**한다는 점이다. '거래상황'과 '사업구조'를 종합해서 보는데, 결국 둘은 밀접한 관계이다. 사업목적에 따라 구조를 만들고, 그 결과로 거래가 이루어지기 때문이다. **거래면**에서 '주로 2차 시장에서 거래가 일어난다', '그 목적이 전매차익에 대한 기대이다', '가격이 서비스를 이용하려는 수요와 상관없이 변동한다'는 점은 지불수단이 아닌 투자관계라는 징표이다. **사업구조면**에서는 '사업주체측이 해당 토큰을 많이 가지고 있으면서, 언제든지 2차 시장에 팔 수 있는 상태'이면 투자관계의 징표로 본다. 사업자의 이해가 '서비스 대가로 토큰을 받는 쪽'에 있지 않고 '토큰 자체의 가치를 높여서 파는 쪽'에 있기 때문이다.[24] 이 경우 '사용성'은 오히려 '사업 활동'을 뚜렷이 할 뿐이다. 글로 쓰니까 길어진 것이지

---

24) 아파트를 살 때도 투자성을 고려하지만, 건설사는 2차 시장의 가격등락을 좌우할 수도 없고 거기에 이해관계도 없다. 따라서 아파트 분양은 매매 관계이다. 반면, 주식이나 가상자산은 원본의 가치 등락이 사업 활동에 달려있고, 사업자 자신도 그 원본을 많이 가지고 있다. 이런 경우는 투자 관계이고, 사업자가 투자금을 제대로 쓰고 부정거래를 못 하게 할 필요가 있는 것이다.

상식적 얘기 아닐까?

미국법 미국은 판례법이라서 아무거나 증권이 될 수 있고, 우리나라는 성문법이어서 제한적일 것이라는 선입견이 있다. 미국은 'investment contract'에 대해서 'investment of money in a common enterprise with an expectation of profits from the efforts of others'라는 개념이 정립되어 있다. 판례의 이름을 따서 'howey test'라고 하는데, 이 내용 역시 포괄적이기는 마찬가지이다.[25] 미국에서 가상자산 규제가 되는 것은 **SEC에서 howey test가 가상자산에 어떻게 적용되는지 원칙을 세우고 법률을 집행하기 때문**이다. 그 기초가 되는 내용이 2019년 4월 발표된 가이드라인(Framework for "Investment Contract" Analysis of Digital Assets)으로, 여기서는 가상자산의 주요 특징 - **유틸리티 토큰임을 표방한다는 점과 주로 2차 시장에서의 전매차익으로 수익을 실현한다는 점**을 정면으로 설명한다. **실질에 의해 판단**하면 되고, **전매차익이 사업의 결과라면 투자수익에 해당된다**고 명시하고 있다.

---

25) howey test와 투자계약증권 개념을 비교하면 매우 흡사함을 알 수 있는데, 이는 우리나라 자본시장법이 미국의 증권법을 따라 만든 것이기 때문이다.

정부의 입장 가상자산의 증권성 판단은 어려워서 못하는 것이 아니다. 오히려 판단이 쉽다는데 곤란함이 있을 것이다. 미국처럼 판단하면, 대부분의 가상자산들이 투자계약증권에 해당되고 '공모절차를 거치지 않고 발행된 것', '한국증권거래소가 아닌 가상자산거래소에서 유통되는 것' 부터가 위법이 된다. 코인베이스 CEO는 "SEC의 입장은 미국 가상자산 사업의 종말을 의미한다"면서 법적 다툼을 하겠다고 했다. 그런데 이런 질문을 해 볼 수 있다. 종말이 오면 안 되는 건가?

금융위는 조각투자라는 신종투자를 투자계약증권으로 보고, 발행과 유통 절차를 따로 만들고 있다. 가상자산도 그렇게 금융규제 샌드박스 절차(금융혁신지원특별법에 따라 '혁신금융서비스'로 지정하고 현행 법규상의 규제를 면제해주는 제도)로 예외를 허용해 주는 길도 있다. 혁신금융서비스로 지정할 명분이 없다고? (엄청 혁신적이라고 여기까지 온 거 아닌가?) 당장 상장폐지되면 투자자들이 손해를 봐서 곤란하다고? (신규 상장도 계속 두는 건 뭐지?)

그리고 아예 논의 대상이 아닌 것이 있다. 바로 사기적 부정거래에 대한 처벌이다. 샌드박스 제도는 신종증권에 대한 절차상의 예외를 논의하는 것이지, 부정한 이득까지 봐주는 것이 아니기 때문이다. 증권성 판단에 대해서 공개적 논의가 이루어진 적은 한 번도 없었으며, 디지털자산 민당정 협의체(위원장 윤창현)라는 곳에서 사실상

DAXA(가상자산거래소 자율협의체)에 판단을 맡겨 버렸다. 약을 파는 자에게 약물 판정을 맡기다니! 그러는 사이, 검찰과 법원에서는 '루나'와 '위믹스'의 사기적 부정거래를 처벌하기 위한 증권성 판단이 쟁점이 되어 있다. 사회경제적 영향이 큰 문제를 단일 사건의 재판부가 결정하게 된 상황이다. 법은 그렇게 어려운 것도 아니지만, 발이 달린 것이 아니라서 저절로 집행되지 않는다. 제대로 작동되려면 사람들이 법을 이해하고 관심을 가져야 한다.

가상자산이용자보호법

2023년 6월 국회에서 통과된 가상자산이용자보호법(1년 뒤 시행 예정), 이 법으로 정말 이용자가 보호될까?
본질적으로 가상자산 산업의 성격, 즉 이대로 허용했을 때의 득실을 따지지 않고 '거래와 사업을 유지하는 것'을 전제로 하는 법이다. 발행과 거래소 규제는 없고, 부정거래 처벌 규정만 있다. 스캠 코인의 발행과 거래는 계속 방치된다. 부정거래는 정부에 조직을 늘려서 감시한다고 하는데, 증권성 판단도 못하는 금융위가 그런 일을 제대로 할 수 있을까? 부정거래가 발견되면 이미 돈은 넘어간 상태인데, 그렇게 뒷북치는 일에 세금까지 쓰면서 사업을 도와야 하나?

다른 문제는 '증권을 제외한 나머지에 적용되는 법'이라는 점을 알리지 않았다. 가상자산업법은 그것이 시행된 이후의 행위에만 적용되기 때문에 그 전의 범죄들은 처벌할 수 없다. 법률에는 원래 '타법과의 관계'라는 조문이 들어간다. 이 법은 자본시장법과의 관계가 중요한 경우라서 특히 이 부분을 명확히 하는 것이 당연했다. 그러나 아래의 법률안에서 2항이 빠진 채로 통과되었다. 금융위가 국회 정무위원회에 제출한 검토 보고서에는 '1항 다른 법률에 특별한 규정이 있는 경우'가 '자본시장법'을 의미하기 때문에 굳이 쓸 필요가 없다고 설명되어 있다.[26] 자기들끼리만 쉬쉬~하는 법이 제대로 적용될 수 있을까?

제4조(다른 법률과의 관계) ① 가상자산 및 가상자산사업자에 관하여 다른 법률에 특별한 규정이 있는 경우를 제외하고는 이 법에서 정하는 바에 따른다.
② 가상자산 중 「자본시장과 금융투자업에 관한 법률」 상의 증권의 성격을 가지는 가상자산과 그에 관한 가상자산업에 대해서는 이 법과 함께 「자본시장과 금융투자업에 관한 법률」의 관련 규정이 우선 적용되고, 이 법과 「자본시장과 금융투자업에 관한 법률」이 충돌되지 않는 범위에서 이 법이 적용된다.

---

[26] 유럽의 가상자산업법 MiCA는 "금융투자상품은 동법 적용 대상이 아니다", "유럽증권시장감독청(ESMA)은 가상자산이 금융투자상품으로 간주되는 기준을 법 시행일(2024년 6월)로부터 18개월 이내에 제정해야 한다"고 명시했다(Title I, Article 2, 4조).

이 법의 타이틀은 이용자이지만, 속내는 사업자 관점에서 봐야 한다. 은근슬쩍 다 가상자산업법으로 넘어가겠다는 것이다. 애초에 가상자산이 투자계약증권인지 따지게 된 이유가 무엇이었나? 비정상적 사업과 부정행위가 만연하니, 현행법인 자본시장법으로 걸러내고 처벌할 수 있는지 보려는 것이었다. 가상자산을 투자계약증권으로 포섭하기 어려운 이유가 정말 법 조문의 표현 때문이라면, 그 문구를 고치자는 얘기는 왜 한 마디도 안 나올까? 사업의 본질 얘기 없이, 투자시장만 가지고 가상자산 제도를 논하는 목적지 없는 세미나들이 지금도 계속되고 있다.

Q2 가상자산을 판 돈의 회계처리, 뭣이 중한가?

　2022년 위메이드가 썬데이토즈라는 회사를 인수하게 되면서, 그 돈이 위믹스를 팔아서 나왔다는 사실이 관심을 모았다. 썬데이토즈는 애니팡(휴대폰 게임)을 만든 회사인데, 위믹스 생태계에 무슨 득이 있냐는 의문과 함께 '위믹스 투자자'와 '위메이드 주주'의 이해상충이라는 말도 나왔다. 어쨌든 현금을 집행해야 되는 상황이라, 위메이드는 2021년 사업보고서에 위믹스 판 돈 2,250억 원을 기재할 수밖에 없었다. "판매는 2019년부터 했지만, 그동안 마땅한 기준이 없어 기재하지 않았다"는 말과 함께. 보통은 '매출'이 있으면 거기에 소요되는 '비용'도 있는데, 코인은 따로 들어가는 비용이 없어서 2천억 원은 오롯이 '수익'이 되었다. 사람들은 회사 매출이 코인 판매뿐인 것을 보고 이 사업의 실체를 알게 되는 듯했으나, 얼마 뒤 위메이드는 2천억 원을 다시 '부채'로 변경 기재하였다.

　거래소라는 2차 시장이 없는 게임머니의 판매대금은 당연히 '선수

수익'이다. 상품권이나 선불충전금처럼 '게임유저가 자기 코인을 아이템 구매 등에 사용했을 때' 소비가 확정되면서 매출로 변경된다. 그런데 위믹스나 클레이는 어떤가? 게임머니와 달리, 위메이드나 클레이튼측은 보유자에 대해 어떤 구체적 서비스를 해줄 필요가 없다.[27]
'분식회계'에서 사업실적을 부풀리는 것이 통상 제일 문제되는 건 사실이나, 가상자산은 부채로 잡는다고 끝이 아니다. 회계처리는 실질에 맞게 해야 할 텐데, 도대체 가상자산의 실질은 뭘까?

위믹스를 팔아서 생긴 위메이드의 부채는 위믹스를 쓰려고 사는 사람이 거의 없기 때문에 줄어들 일이 없다. 그런데 위메이드는 이미 돈을 다 썼다. 갚을 필요가 있는 것도 아니다. 그런 부채가 어디 있단 말인가? 카카오는 클레이를 판 것이 아니라 준 것이라서, 매출로 기재할까, 부채로 기재할까~ 고민할 필요도 없다. 심지어 수천억 원의 ICO 자금이 들어왔던 것도 제대로 기재되어 있지 않다('클레이튼'은 클레이를 찍어서 팔기만 했는데, 2019회계년도 재무제표상 부채 631억, 자본 마이너스 263억으로 써 있다). '장부'보다 '돈'을 따져야 한다. 세금은 '현금주의'가 원칙으로, 돈이 생긴 시점에 돈이 생긴 곳에 과세한다. 가상자산의 매매차익에 대한 소득세는 유예되었지만, 가상자산을 만들어서 팔고, 투자로 받아서 팔고, 비용으로

---

[27] 위믹스도 각각의 게임에 직접 쓰이는 게 아니라 개별 게임 코인들과 바꿀 수 있는 지위이다. 블록체인이 따로 있고 없고와 상관없이 거래소에 상장이 되어 있으면, 다른 토큰들을 환전하는 수단으로 이용할 수 있다.

받아서 파는 수입 창출 행위들은 지금도 과세 대상이다. 사업을 이해할 때도 돈 관계, 법률을 적용할 때도 돈 관계에 집중해야 한다면, 할 일을 정할 때도 돈 걷는 일부터 해야 하지 않을까? 회계 논의가 과세로 이어지길 기대해 본다.

현재 논의 중인 가상자산 회계처리 감독지침(안) 주요 내용

가상자산 발행 기업의 회계처리

앞으로는 판매 목적이라면, 수익기준서(K-IFRS 제1115호)를 적용하여, 회사가 가상자산 보유자에 대한 의무를 모두 완료한 후에 가상자산의 매각대가를 수익으로 인식, 수행의무 완료 전 회사가 수령한 대가는 부채로 인식
극히 예외적인 경우 외에는, 발행회사에게 부여된 의무의 범위를 사후적으로 임의 변경하여 부채로 인식한 매각대가의 수익 인식 시점을 앞당기지 않도록 함
가상자산 및 플랫폼 개발과정에서 지출된 원가는 가상자산 및 그 플랫폼을 무형자산으로 인식할 수 없거나, 무형자산기준서에 근거한 개발 활동에 명확히 해당하지 않으면 발생시 비용으로 처리
발행 후 자체 유보(Reserve)한 가상자산은 직접 관련되는 원가가 있는 극히 예외적인 경우를 제외하고는 자산으로 계상하지 않음

가상자산 보유자의 회계처리

토큰증권이 금융상품 기준서(K-IFRS 제1032호)에 따른 금융상품의 정의를

충족하는 경우에는 금융자산·부채로 분류하고 관련 기준서를 적용

가상자산사업자의 회계처리

가상자산에 대한 경제적 통제권을 고려하여 자산·부채 인식 여부를 결정하되, 국제 동향 등을 감안하여 고객에 대한 법적 재산권 보호수준 등을 고려

주석공시 의무화 내용

가상자산 개발·발행 회사는 해당 가상자산의 수량·특성, 이를 활용한 사업모형 등 일반정보를 포함하여 가상자산의 매각대가에 대한 수익 인식 등 회계정책과 수익인식을 위한 의무이행 경과에 따른 회사의 판단까지 상세히 기재하도록 의무화. 특히 가상자산 발행 이후 자체 유보(Reserve)한 가상자산에 대해 보유정보 및 기중 사용내역(물량 포함)까지 공시하도록 함

투자목적 등으로 가상자산을 보유한 상장회사의 경우 가상자산의 분류기준에 대한 회계정책, 회사가 재무제표에 인식한 장부금액 및 시장가치 정보(물량 포함)을 기재토록 하여 회계정보 이용자들이 가상자산에 투자한 회사가 받게 될 영향을 충실히 파악할 수 있도록 관련 정보 제공을 의무화

가상자산 사업자는 자산·부채로 인식하는지 여부와 관련 없이, 보유한 고객 위탁 가상자산이 물량과 시장가치 등의 정보를 가상자산별로 공시하는 한편, 가상자산 보유에 따른 물리적 위험(해킹 등)및 이를 예방하기 위한 보호수준 등에 대한 정보도 같이 제공하도록 함

Q3 카카오는 어떻게 코인을 파는가?

복습이야?

이렇게 저렇게 판다며.

아니 그런 거 말고.

어떻게! 이런 게 가능할까? 하는...
기업 하나가 맘 독하게 먹는다고 되는 일이냐고.

큰 도둑은 구조적으로 이루어진다.
혼자 할 수 없고, 여러 사람이 여러 방면으로 협조하기에 가능하다. 그중에서도 정책 결정에 영향력을 가진 정치인들의 역할은 매우 중요하다. 가상자산 관련 정책은 사업자에게 좋은 방향으로만 결정되고 있다. 누가 무슨 일(말)을 했는지 보기 좋게, 부록에 따로 정리하였다.

정치인 놈들, 더러운 세상~ 이런 말은 '포기'일 뿐이다. 우리는 정치인이나 공직자에게 나라의 운명을 맡긴 적이 없다. 그런 직업도 다 분업사회에서 필요한 역할이기 때문에 그 사무를 담당할 사람을 정한 것뿐이다. 배가 산으로 가지 않도록 감시하는 일은 우리들의 몫이다. 나라의 '주인'이라는 것은 자영업과 같다. 주인이 직접 챙기지 않는 가게가 잘 돌아갈 수 있겠나?

그런데 이런 문제를 한번 생각해 보자. 큰 도둑은 대중을 현혹해서 존재하기 때문에 외부로 드러난다. 독재도 아닌데, 심지어 독재국가도 이런 걸 봐주려면 명분이 필요하다.[28] 이때의 명분은 사람들을 납득시키려는 목적이 아니라, 혼동시켜서 반대를 어렵게 하려는 거짓말이다. 여기에는 '복잡한 용어 쓰기', '트렌드 갖다 붙이기', '추상적 비유' 등이 동원된다.

코인을 만드는 것도 아니고, 파는 것도 아니고, 그냥 돈 받고 평가만 해주는 건 어떻게 봐야할까? 예를 들면, 한국경제TV에서는 코레이팅(Korating)이라는 가상자산 인증평가 사업을 하고 있다. Business(비즈니스), Technology(기술), Compliance(규제), Media(미디어), Operation(운영 주체), Security(보안)의 6개 부문을 전문가가 검토

---

28) 엘살바도르는 독재국가이지만, 비트코인을 법정화폐로 할 때 국회에서 법률을 통과시키는 절차를 거쳤다.

했다면서, BB+, BB 0, BBB 0, BBB- ~이런 식으로 등급을 준다. 평가대상은 모두 김치코인으로 "나름의 플랫폼을 만들어서 쓰이게 하겠다"가 공통이다. 그러한 사업자의 '말'을 평가한 것이라서, 투자평가의 기본인 사업의 손익구조에 대한 언급이 없을 뿐 아니라, 무슨 플랫폼인지는 "실물 부동산 연계 플랫폼", "면역공방(찜질방 체인)에서 오프라인 사업과 연계할 예정" 이런 식으로 읽어도 모른다. 가상자산은 방향성만 말하면 돈을 막 받아도 된다고 생각하는 것 같다. 이렇게 받은 돈이 사업에 제대로 쓰일 가능성이 있을까? 평가한 코인들 중에는 유의종목이 된 것도 있고, 다단계 조직에서 판매하는 것도 있지만, 코레이팅의 책임은 없다. 신빙성도 없고 책임도 없으면, 이 평가는 쓸모없는 것일까? 사업자들이 투자자 모을 때 유용히 쓸 것이다.

순수한 마음으로 탈중앙화에 대해서 강의하는 건 어떨까? 몇 년째 미래만 얘기하는 그분들에게 블록체인이 뭐예요? 좋은 점이 뭔가요? 물어보면, '분산원장', '탈중앙화'라고 할 것이다. 그리고 민주주의 철학을 얘기할지 모른다. 클레이튼은 탈중앙화인가? 그라운드X 때도, 크러스트 때도 탈중앙화라고 하더니, 이제는 탈중앙화를 위해 크러스트재단으로 옮긴다고 한다. 자기들끼리 GC를 한다. 코인의 소유권은 집중되어 있다. 누구한테 갔는지는 지극히 불투명하다.

비트코인이 처음 나왔을 때 '누구나 프로그램 깔고 데이터 처리에 참여하면 비트코인을 가지는 방식'이라서 탈중앙화라고 했다. 비트코인 거래기록을 블록으로 만들면 프로그램에서 비트코인이 만들어져서 보상으로 지급되고(채굴), 보상을 받으려는 채굴행위 덕분에 비트코인 소지자는 거래를 할 수 있다. 이렇게 '기존 코인'의 거래와 '신규 코인'의 생성이 맞물려 있고, 분산원장은 누구라도 블록을 만들 수 있게 하느라고 나온 결과물일 뿐이었다. 모두가 블록을 처음부터 끝까지 다 같이 저장하고 있어야 한다는 점은 분명 비효율적이지만, '자동으로 한번 해보는 프로그램'에 의미를 둔다고 하니까 그런 단점은 부각되지 않았을 것이다. 블록이 생성되는데 10분 걸리기 때문에 실시간 결제에 쓸 수 없다.[29] 무엇보다 가격이 변하는데 누가 이걸로 커피를 사먹겠나! 반대로 사업장에서는 받았다가 가격이 떨어지면 어쩌라고! 돈 세탁이나 탈세 목적인 사람한테만 딱이다.

처음부터 이런 기능적 특징이 제대로 알려졌으면, "저런 걸 왜 놔두냐"는 말 때문에 코인거래소들은 진작 도박으로 금지되었을 것이다. 지금은 비트코인으로 커피 사 먹을 수 있다고 말하는 사람은 쏙 들어갔지만, 대신 OO이다~, XX이다~ 다른 말들이 그 자리를 차지하고 있지 않나? 이런 얘기들이 대학교는 물론이고, 미래 교육, 금융

---

[29] 지갑에서 요청된 거래가 블록에 담겨야 받은 사람이 비트코인을 쓸 수 있다. 비트코인 결제는 블록체인에 직접 기록하는 온체인 거래가 아니라, 업자가 중간에서 정산에 주는 방식으로 모양만 만들어낸 것이다.

교육이라면서 중학교, 초등학교 교실까지 침투하였다.[30] 결과적으로 '사실'을 제대로 볼 수 없게 방해하는 말을 '거짓'이라고 한다면, 전부 그 범주에 들어가는 것 아닐까?

---

30) 두나무는 2021년부터 중학교 1학년 자율학기제 수업시간을 활용, 8차시의 디지털금융 교육 '두니버스'를 진행하고 있다. 업비트 거래소를 하는 회사에서 블록체인, NFT, 메타버스를 뭐라고 가르칠까? 회사는 "아이들의 디지털 금융과 기술에 대한 리터러시(문자 기록을 이해하는 능력)가 향상됐다"고 선전하고 있다… 그 내용에 대해 어떤 질문을 해볼까? 재교육을 해줘야 한다.

Q4 카카오는 왜 코인을 하는가?

일단 능력이 되기 때문이다. 가상자산 사업은 만드는 능력이 아니라 파는 능력이 관건이다. IT기업으로서 웬지 가상자산을 서비스에 적용할 수 있을 것 같은 이미지, 대기업이고 상장사라는 신뢰감, 넓은 고객층, 마케팅적 기획과 홍보 능력 등 카카오는 모든 것을 갖춘 기업이다. 이런 조건을 갖추었기 때문에 카카오는 플랫폼 코인이라는 큰 판을 만들어서, 남들까지 코인을 팔도록 해주고 있다.

다른 사업도 많이 하고 있는데, 왜 코인 같은 데 손을 댔냐고? 그것도 하나도 아니고, 보라까지 2개를 한다. 원래 이러려고 한 건지, 진짜 '블록체인'하려다가 사람 통제가 안 됐던 건지는 알 수 없지만, 시작은 돈 되는 사업을 발굴한다는 생각이었을 것이다. 카카오는 많은 서비스를 하지만, 공짜가 많아서 돈을 잘 번다고 할 수 없다. "플랫폼 서비스니까 당연하지, 대신 데이터 가져가잖아." 이런 얘기를 하는데, 계열사 간에 데이터를 막 가져다 쓸 수도 없을 뿐 아니라, 데이터 자체가 돈이 되는 것도 아니지 않는가! 사람들은 자기에게 서비스를 제공하려고 데이터를 처리하는 것도, 어느 순간 "데이터 가져갔다."면서 금가루라도 붙어 있는 줄 안다. 고객 정보에 대한 보안을 잘해야 하는 것과 그것이 돈이 되는 것은 완전히 별개이다. 카카오톡 고객에게 카카오택시 서비스를 할 수 있더라도, 택시 서비스 또한 공짜면 그게 무슨 소용인가. 광고를 하면 된다? 광고를 그렇게 많이 보고 싶은가? 그렇다고 유튜브 프리미엄처럼 광고 없는 유료 카카오톡이 상상되는가? SK데이터센터에 불이 나서 카카오톡이 잠깐 안 된 걸 가지고도 카카오에 손해배상을 청구하고 '디지털 정전 방지법' 만들어야 한다고 난리를 피운다.

위 사태에 대해 대통령도 "온 국민이 카카오톡을 쓰고, 공공기관들까지 쓰고 있지 않나"라며 "사실상의 국가기간통신망"이라고 카카오톡의 중요성을 언급했는데, 행정안전부가 카카오 서비스를 이용할 때는 비용을 안내버린다. 코로나 때의 QR 전자출입명부는 물론이고, 카카오 인증과 알림톡은 엄연한 사업인데도 공짜로 쓴다. 홈택스, 정부24, 법원 등등 정부 및 공공기관 사이트에서 본인확인시 카카오 인증을 쓰는 것도 공짜, 지방세나 과태료를 전자고지로 보내는 것도 전부 공짜이다. 아래는 '집으로 오는 세금고지서, 내 스마트폰에 쏙!'이라는 제목의 행안부 보도자료 내용이다.

〈모바일 고지·납부 효과〉

[국　　민] ① 절약된 우편비용 일부로 **한 건당 150원에서 500원 세액 공제**
　　　　　② 우편 발송 지연 등으로 인한 **가산금(세액 3%)** 등 예방

[지자체] ① 연간 **약 800억 원**에 달하는 **종이고지서 발송 비용 절감**
　　　　② 종이고지서 수령 여부를 확인할 수 없어 발생하는 각종 분쟁·민원 근본 해소

　카카오는 좋은 서비스를 많이 제공한다. 실질이 있는 서비스를 주고 돈을 잘 버는 것은 좋은 일 아닌가? 우리나라에도 대기업도 있어야 되지 않나? 그러나 기업이 수익 모델을 만드는 것에 대해서는 규제가 정말 많다. '탐욕', '골목상권 침해'라는 눈치법도 있다. 삼성페이는 "핸드폰 팔잖아"라면서 수수료 못 받게 해서 손해만 보고 있었는데, 애플페이는 들어오더니 당연하게 결제수수료를 받는다. 아이폰은 더 비싸지 않나? 행정은 실무과 사업에 무지하기 쉽고, 정치는 화제성과 생색내기에만 관심 있기 쉽고, 사람들은 공짜를 좋아하고 조정 당하기 쉽다. 이런 요인들이 결합될 때, 그 손해는 사회 전체가 본다. 물론, 이런 어려움이 클레이의 변명이 될 수 없음은 당연하다. 이럴수록 '카카오'라는 회사와 그 브랜드를 파먹는 '그들', 부가가치를 만드는 '사업'과 사업으로 위장한 '폰지', '표'라는 핑계와 '돈'이라는 동기, '무능'과 '부패' 따위를 구별해야 한다. 복잡한 세상에서 정책이 제대로 되려면, 이런 구별들이 기본 아닐까?

Q5 다른 사업자들은 왜 안 하나?

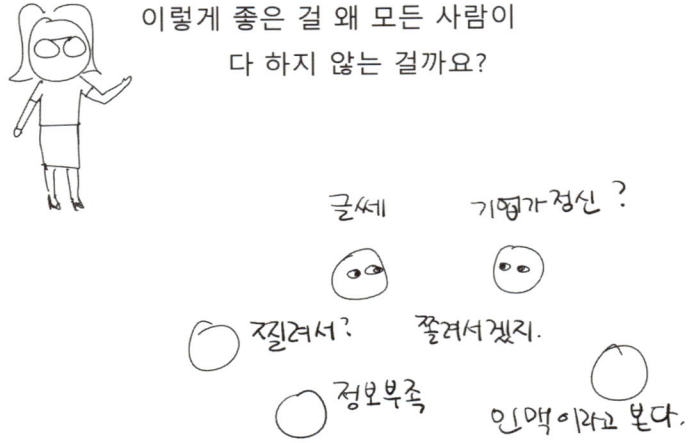

안 하는 거 맞나?

유수의 기업들이 블록체인/메타버스/Web 3.0, 다시 말하면 코인과 NFT에 참전 중이다.[31] 기업마다 카카오를 좀 보라며 뭐라도 가져오라는 회장님 등쌀에 시달리는 회사원들이 많을 것이다. 너도 나도 하는 바람에 김치코인들 많은 걸 보라. 올림픽이었으면 우리나라가 1등을 했을 거다. 상장 직후 반짝 오르고 없어지다시피 하는 것이 수두룩하다. 다단계 모집 조직들이 곧 상장될 코인이라며 이 코인 저 코인 전국적으로 프로젝트를 뛴다. 이런 잡코인을 피한 사람들은…클레이를 사는 건가?

민간 사업자들만 이러는 게 아니다.[32]
'블록체인 규제자유특구'로 지정되어 있는 **부산시**는 박형준 시장이 취임한 2021년 4월부터 2023년 7월까지 총 31개의 가상자산·블록체인 관련 기업과 MOU를 체결했는데, 그중 12곳은 국내에서 아무 사업도 하지 않고 있다. 여기에는 2021년 11월 파산한 FTX 등 해외 코인거래소가 다수 포함되어 있고, 트라움인포테크라는 회사는 수사를 받고 있다(고객 예치금 횡령 혐의로 수사를 받고 있는 델리오가 여기에 비트코인을 맡겼기 때문으로 알려졌다). 이 상황인데도 주무부처인 **중소기업벤처부**에서는 부산시의 특구운영에 대해 문제점을 점검하거나 지정 취소를 검토하는 일을 안 한다.

과기정통부는 2023년 메타버스 산업에 2233억을 투자했다. 사업자들이 하는 것은 사이트 만들거나, NFT 팔거나, NFT 거래에 사용

---

31) NFT도 코인인데, '재미', '예술'을 표방하니까 덜 코인스러워 보여서 대기업들도 이쪽으로 많이 하는 것 같다.
32) 부산시 – 이투데이 안유리, 임유진, 과기부 예산 – ZDNet 김경아, 잼버리 메타버스앱 – IT조선 김경아 기자님 기사에서 인용하였습니다.

되는 코인 팔거나, 선전인지 교육인지 모를 강의; 지역명소·의료·교육·국방·보훈·친환경 선박·산업단지·디바이스 관련 메타버스 플랫폼 개발 지원에 680억 원, AI·메타버스 재난안전관리 체계를 충청권에 신규 구축하는 사업 80억 원, 재직자 역량을 강화하는 교육 29억 원, 석·박사 과정생 중심의 메타버스 랩 지원 28억 원, 청년 메타버스 개발자·창작자를 육성하는 메타버스 아카데미 75억 원, 메타버스융합대학원 35억 원을 지원한다. 또 80억 원을 들여 성남시 판교·동북권에 기업 지원 관련 거점 센터인 '메타버스 허브'를 운영하고, 메타버스 콘텐츠과 디바이스 개발 실증·테스트에 247억 원을 투입한다. 글로벌 시장진출 가능성이 높은 메타버스 기업에 대한 맞춤형 지원 예산 119억 원이 편성되어 있고, 메타버스 분야 중소·벤처기업의 사업영역 확대를 위해 약 400억 원 규모의 인수·합병규모(M&A) 펀드도 조성된다고 한다. 메타버스 기술 경쟁력 확보를 위한 지원의 경우 △실감 콘텐츠 △홀로그램 △확장현실(XR) 기술 개발 등에 615억 원을 쓴다. 사회적 저변 확대를 위해 초·중고 메타버스 관련 교육 콘텐츠, 현장 체험교육, 메타버스 개발자 경진대회, K-해커톤, 코리아 메타버스 페스티벌(KMF), 2024 동계 청소년 올림픽과 연계한 메타버스 홍보·전시체험관 조성에도 100억 원의 예산을 구성했다. 이러한 예산 집행은 과기부가 "2022년 동안 의료, 제조, 교육 등의 분야에서 메타버스의 실증 사례로 성장성을 확인"했기 때문이라고 한다. 또 과기부는 "블록체인은 데이터를 투명하고 안전하게 관리하도록 지원할 수 있는 기술임과 동시에 Web3, NFT, 토큰

증권(STO) 등 주요 서비스와 관련 산업이 매년 새로 발굴되는 분야"라면서, 기업의 판로개척을 직접 지원하기 위한 '블록체인 선도 디지털 경제 얼라이언스(ABLE)' 발대식을 가지기도 했다.

혹시 메타버스 대한민국에서 집무를 보고 있는 건가?
10억을 투자했는데 이용자가 없었다는 잼버리 메타버스앱도 이런 사례의 연장선상이다. 이런 결과는 메타버스가 아닌 현실에서 세금이 나가고, 개꿀 용역을 받으려고 줄을 대는 사람이 생길 것이며, "지자체랑 MOU 맺었다", "과기부 지원받는 회사다"라면서 투자자를 모으고 코인사업을 하는 것이다.

폰지 구조이지만, 폰지 구조이기 때문에, 사업자는 유혹이 안 생길 수가 없다. 힘든 농수산업, 리스크가 큰 제조업, 민원에 시달리는 서비스업, 언제 될지 모르는 R&D…이런 모든 보통의 일에 종사하고 있는 우리는 뭔가? 메타버스에서 병원 짓고, 건강 정보 거래한다면서 코인 팔면, 거기서 내 병을 고칠 수 있나? 자기 길을 묵묵히 가는 건 개인의 몫이다. 동시에, 그런 사람들이 박탈감을 느끼고 손해를 보는 사회구조가 되지 않도록 하는 것 또한 중요하지 않을까? 그래서 클레이는 사회 전체가 같이 생각하고 해결해야 하는 문제이다.

보너스 질문 _ 월드코인에 대한 여러분의 질문을 생각해 보세요!

"월드코인은 동아시아 첫 진출지로 일본을 제치고 한국을 낙점했다." 이것은 내가 한 말이 아니라 기사에 그렇게 쓰여 있다. 월드코인에 대해서 딱 한 명에게 한 가지 질문만 하라고 한다면

여러분도 여러분의 질문을 생각해 보세요

기초사실

1. 만든 사람
- 챗 GPT 개발자라는 샘 올드만, 소위 유명인

2. 프로젝트 골자
- "인공지능이 인간의 노동 효율을 넘어서고, 자본소득과 노동소득의 격차가 더욱 크게 벌어질 것, 정기적인 월드코인 지급을 통해, 정부가 해야 할 인간 소외 문제를 해결하고 사회적 불평등을 해소하겠다."
- 올트먼 대표는 월드코인 출시 직후 자신의 트위터를 통해 "월드코인이 성공하면 경제적 기회를 획기적으로 늘리고 인간과 AI를 구별할 수 있는 신뢰할 수 있는 솔루션을 확장하게 될 것"이라며 "궁극적으로 AI가 자금을 지원하는 기본소득의 잠재성을 보여줄 것"이라고 전했다.

3. 구체적 방법
- 홍채를 인식하면 월드 ID가 생성됨, 월드 ID 만들면 월드코인을 매주 1개씩 줌

4. 진행상황
- 홍채 인식 시스템이 있는 오프라인 사무실이 아시아 최초로 분당에 5월에 생겼음
- 7월 25일 월드코인 바이낸스, 오케이엑스(OKX), 빗썸에 상장. 빗썸에서 1만 4천 원까지 갔다가 현재 2,900원대에 거래 중

덜 알려진 사실은, ① 미국 거주자와 미국인들은 월드코인 홍채 등록 및 토큰 수령을 할 수 없다. 샘 올트먼은 이럴 줄 몰랐다면서도 "전 세계 인구의 95%가 미국에 거주하지 않는다."고 말했다. ② 영국과 프랑스는 데이터 규제 당국이 조사 중이다. 결국 남미랑 우리나라에서만 되고 있다.

전부 샘이 가진 상태에서
매주 1개씩 뿌려주고,
받은 사람은 팔아야

이렇게 되면 기본소득을
빗썸이용자가 주는 거 아님?

나의 원픽 질문은 ~

저기요 ~
우리 호구잡힌 건가요? 이미 우주가 안다
우리나라는 언제까지 이렇게
둘 꺼예요?

누구한테 말해?

대통령

부록

QR을 클릭하면
다음 링크가 보입니다.

1. 가상자산과 정치인
- 누가 무슨 일(말)을 했는지

2. 건강사회 질문연구소
- 비트코인은 사도 되나
- CBDC
- 미국의 테라·루나와 리플 판결
- 금융다단계 사기의 효과적 근절 방법 등

3. 변창호 코인사관학교(텔레그램)
- 가상자산에 대한 거래 분석과 최신 동향